*MELHORES
POEMAS*

Nauro Machado

Direção
EDLA VAN STEEN

MELHORES POEMAS

Nauro Machado

Seleção
HILDEBERTO BARBOSA FILHO

São Paulo
2005

global
EDITORA

© Nauro Machado, 2005

Diretor Editorial
JEFFERSON L. ALVES

Gerente de Produção
FLÁVIO SAMUEL

Assistente Editorial
ANA CRISTINA TEIXEIRA

Revisão
CLÁUDIA ELIANA AGUENA

Projeto de Capa
VICTOR BURTON

Editoração Eletrônica
ANTONIO SILVIO LOPES

Dados Internacionais de Catalogação na Publicação (CIP)
(Câmara Brasileira do Livro, SP, Brasil)

Machado, Nauro, 1935-
Nauro Machado / seleção Hildeberto Barbosa Filho. –
São Paulo : Global, 2005. – (Coleção melhores poemas /
direção Edla van Steen)

Bibliografia.
ISBN 85-260-0986-9

1. Poesia brasileira I. Barbosa Filho, Hildeberto.
II. Steen, Edla van. III. Título. IV. Série.

04-8844   CDD–869.91

Índice para catálogo sistemático:

1. Poesia : Literatura brasileira   869.91

Direitos Reservados

GLOBAL EDITORA E DISTRIBUIDORA LTDA.

Rua Pirapitingüi, 111 – Liberdade
CEP 01508-020 – São Paulo – SP
Tel.: 11 3277-7999 – Fax: 11 3277-8141
e-mail: global@globaleditora.com.br
www.globaleditora.com.br

Colabore com a produção científica e cultural.
Proibida a reprodução total ou parcial desta obra
sem a autorização do editor.

Nº DE CATÁLOGO: **2368**

Hildeberto Barbosa Filho nasceu em Aroeiras (PB), em 9 de outubro de 1954. Bacharel em Ciências Jurídicas e Sociais com pós-graduação pela USP – Universidade de São Paulo. Licenciado em Letras Clássicas e Vernáculas, mestre e doutor em literatura brasileira pela UFPB – Universidade Federal da Paraíba, Instituição da qual é professor no Curso de Comunicação Social. Poeta, crítico literário e ensaísta, com ampla colaboração em diversos órgãos de imprensa do país, a exemplo da revista de *Cultura Vozes* (RJ), o *Suplemento Literário de Minas Gerais*, o *D. O. Leitura* (SP), o *Suplemento Cultural* (PE) e o *Correio das Artes* (PB). Na área da crítica literária publicou vários livros, dos quais se podem destacar: *Sanhauá: uma ponte para a modernidade*, João Pessoa, Edições Funesc, 1989; *Os desenredos da criação*, João Pessoa, Editora Universitária/UFPB, 1996; *Literatura: as fontes do prazer*, João Pessoa, Idéia, 2000, e *Arrecifes e lajedos: breve itinerário da poesia na Paraíba*, João Pessoa, Editora Universitária/UFPB, 2001. Na poesia, entre inúmeros títulos, destacam-se: *A geometria da paixão* (1986), *Desolado Lobo* (1996), *A comarca das pedras* (1997), *Caligrafia das léguas* (1999), *Ira de viver e outros poemas* (2000) e *Eros no aquário* (2002).

NAURO MACHADO: POETA DO SER E DA LINGUAGEM

No *Dicionário prático de literatura brasileira* (1979), de Assis Brasil, Nauro Machado afirma: "A poesia, para mim, é uma necessidade interior, um caso de vida ou morte e não um simples pretexto para malabarismos vazios ou teoremas que digam respeito apenas a um modismo falho e de autenticidade duvidosa". Passadas duas décadas, esta mesma posição face ao processo de criação poética se mantém firme, pois não são outras as palavras do poeta maranhense, quando de sua entrevista para o jornal *Rascunho*, da cidade de Curitiba, em maio de 2003. Esta afirmação é como que uma profissão de fé. Uma profissão de fé na poesia e em tudo aquilo que ela representa de autêntico e de essencial. Considerado o ano de estréia, 1958, com o livro *Campo sem base*, pode-se observar que Nauro Machado, diferente de muitos poetas de sua geração, seduzidos pelo canto de sereia das experiências de vanguarda, procura estabelecer um roteiro visivelmente pessoal para a construção de sua obra poética. Ao largo das mais radicais investigações da sintaxe verbovocovisual dos signos literários posta em prática pelos teóricos da poesia concreta, o poeta de São Luís investe no percurso solitário da revalorização do verso, renovando, por dentro, o amplo espectro da chamada "tradição da imagem".

Sua poesia, já maturadas as estratégias de renovação do primeiro Modernismo e, em certo sentido, receptiva ao revisionismo estético de certos segmentos de 45, retoma o caminho da tradição moderna da lírica ocidental, a partir de nomes como Baudelaire, Mallarmé, Valéry, Rainer Maria Rilke, T. S. Eliot, Fernando Pessoa, Jorge Luís Borges, Augusto dos Anjos e Jorge de Lima, entre outros. Retoma, é verdade, mas sabendo imprimir, à sua dicção, o selo decisivo de uma singularidade estilística excepcional. Este "caso de vida ou morte", portanto, se reflete o compromisso do poeta com os temas universais da permanente indagação do ser, também contempla, por outro lado, o esforço da pesquisa estética perante os artefatos da linguagem.

Direi mais: em Nauro Machado, a persecução do ser, traduzida na angústia existencial que o faz indagar, no espaço de um contínuo desconforto metafísico, acerca da morte, da solidão, de Deus, do sexo, entre outros motivos recorrentes de sua organização lírica, associa-se aos embates morfossintáticos e semânticos vivenciados no corpo da linguagem e nas suas variadas possibilidades transfigurativas. Neste sentido, Nauro é poeta do ser, mas é também poeta da linguagem. Esta simetria entre fundo e forma, esta consonância entre conteúdo e expressão, esta isomorfia entre estilo e temática me parece responsável pela uniformidade de tom e pela unidade de visão que perpassam toda a sua vasta obra.

Em "Parto", poema do primeiro livro, aparece esta problemática:

"Meu corpo está completo, o homem – não o poeta.
Mas eu quero e é necessário
que me sofra e me solidifique em poeta,
que destrua desde já o supérfluo e o ilusório
e me alucine na essência de mim e das coisas,
para depois, feliz ou sofrido, mas verdadeiro,
trazer-me à tona do poema
com um grito de alarma e de alarde:
ser poeta é duro e dura
e consome toda
uma existência."

De certo modo, o que vem dito, ou sugerido, aqui, vai se reafirmar nas variações rítmicas e temáticas dessa estranha e obscura sinfonia que é a poesia de Nauro Machado. Esta consciência dilacerada do poeta e do poema, esta necessidade de tocar as vísceras das coisas, esta busca da verdade, enfim, este pacto inadiável com a essência conformam as linhas de força centrais do seu lirismo filosófico e metafísico.

A angústia temática e a angústia formal dos primeiros poemas se reiteram na angústia formal e temática dos últimos, não importa que a motivação particular desse ou daquele texto assuma tonalidades diferentes. Por isto, em que pese o imenso volume de seus versos (o poeta conta com mais de trinta livros!), há como que uma ordem interna presidindo rigorosamente a qualidade e o equilíbrio da expressão poética, num exemplo de coesão e coerência estéticas pouco comum na história da lírica brasileira. À parte as diferenças inelutáveis, talvez um Augusto dos Anjos e um João Cabral de Melo Neto se mostrem como figurações de uma poesia tão caracteristicamente individual, una e uniforme. Individualidade, unidade e uniformidade que transcendem o plano temático e seu elenco de motivos peculiares (em Augusto, a doença, a ruína, a morte; em João Cabral, o social e a linguagem) para se perfazer no âmbito técnico-literário e estilístico. Em outros termos, poucos poetas brasileiros são tão pessoais em sua visão de mundo, em sua técnica compositiva, em sua fala poética como o paraibano, o pernambucano e o maranhense Nauro Machado.

Os poemas, aqui selecionados, para além da dificuldade intrínseca do recorte textual em uma obra tão sincrônica, tendem a demonstrar, a despeito de sua diversidade estrutural e temática, a personalidade inconfundível do autor e a homogeneidade constante de sua poesia, concebida rigorosamente dentro das correspondências entre forma e conteúdo ou, para lembrar a expressão de Valéry, algo assim que hesita, em tensa conexão, entre o som e o sentido.

O lirismo de Nauro Machado, lirismo que se alicerça numa obsessiva e agônica indagação existencial, a tomarmos como referências as categorias de Pedro Lyra, em *Sincretismo: a poesia da geração 60* (Topbooks, 1995), reaproveitadas, a seu turno, por Ricardo Leão, em *Tradição e ruptura: a lírica moderna de Nauro Machado* (São Luís, 2002), se distende por algumas vertentes seminais. Ora, um lirismo universalista em que se cristalizam as preocupações cosmológicas, metafísicas e filosóficas do poeta em torno de motivos como a morte, o tempo, a noite, a vida, o eu, o sexo; ora um lirismo de fundo místico, sem religiosidade definida, no qual a presença de Deus é mais refletida do que celebrada; ora um lirismo crítico, centrado nas experiências do cotidiano do homem moderno e contemporâneo e, enfim, um lirismo de percursos metapoéticos, em que o drama do eu lírico se encena no próprio corpo da linguagem.

É preciso ver, no entanto, que as inclinações deste lirismo, interpretado normalmente como de viés sombrio, apocalíptico, escatológico, pessimista, por um lado não me parecem estanques, conforme pode supor o conforto das classificações e, por outro, cimentando a unidade de que venho falando, refletem o espírito de negação à *facticidade* do mundo em busca de sua *transcendência*. Não uma transcendência de índole evasiva, escapista, como bem observa Franklin de Oliveira, em prefácio a *Mar abstêmio*, mas aquela que intenta questionar valores pervertidos, acenando, assim, numa fantasia poética que não recusa a dimensão utópica, para outros reais possíveis. Por isto me ponho de acordo com o crítico maranhense, ao ressaltar no prefácio já referido: "(...) Quando o poeta Nauro aponta para a frustração, ele não está fazendo a apologia dos fracassados, mas a denúncia das causas objetivas que determinam o malogro humano. Sua poesia é ferro em brasa em cima da alienação, da reificação e das forças que cindem a individualidade do homem e estilhaçam a sua vocação para a plenitude".

O poema transcrito anteriormente, mesmo que privilegie a reflexão metalingüística que toca na condição do poeta e na ontologia do poema, aponta neste

11

sentido como uma das tendências nucleares da poética naurina. Não fora assim, como entender esse imperativo, quase categórico, de destruir o supérfluo e o ilusório e de alucinar-se na essência de si e das coisas? Vejam-se, não obstante, alguns versos do texto "Ofício", de *Do eterno indeferido*, onde o lirismo crítico do cotidiano, por mais que pese a circunstância particular, concreta e física do eu poético, é também lirismo universal e metafísico:

"Ocupo o espaço que não é meu, mas do universo.
Espaço do tamanho do meu corpo aqui,
enchendo inúteis quilos de um metro e setenta
e dois centímetros, o humano de quebra.
/.../
E me mandam pro inferno, se inferno houvesse
pior que este inumano existir burocrático.
E depois há o escárnio de minha província.
/.../
Estranhos uns aos outros, que faço eu aqui?
E depois ninguém sabe mesmo do espaço
que ocupo, desnecessário espaço de pernas
e de braços preenchendo o vazio que eu sou.
E o mundo, triste bronze de um sino rachado,
o mundo restará o mesmo sem minha quota
de angústia e sem minha parcela de nada".

O mesmo se pode dizer de um poema como "Didática", de *A vigésima jaula*, a par de sua incursão simultânea pelos temas do tempo, do sexo, da palavra e da morte:

"É decente a lepra do tempo
no baú da nossa memória.

É decente o orgasmo já estátua,
já forma liberta, sem vôo.
É decente a palavra exata
no exterior da nossa pele.
Indecente é o morrermos sós
como um fruto numa cisterna".

A revolta, portanto, na poesia de Nauro Machado, revolta à maneira de Camus, reflete apelos humanísticos e carrega uma profunda consciência crítica face às estruturas reacionárias da sociedade de consumo. Sua voz, entrecortada por sons e descompassos lancinantes, parece se modular como resposta ao "desencantamento do mundo" que, na perspectiva de Max Weber, referido por Alfredo Bosi, em *O ser e o tempo da poesia* (1977), tem caracterizado a história de todas as sociedades capitalistas. Não são poucos os poemas em que a fantasia poética, jungida ao mais agudo realismo, exercita a dicção da recusa e se cristaliza como poesia-resistência, para me valer ainda das pertinentes tipologias do autor da *História concisa da literatura brasileira*. Entre tantos, um poema como "Agiotagem", de *Os parreirais de Deus*, pode ilustrar meu pensamento:

"Todas as cifras não somam uma só vida.
Todas as moedas não impedirão que um homem caminhe resoluto para o ventre da alma".

Daí por que se deve ter todo cuidado quando do contato com o lirismo de Nauro Machado. Em que pese seu fundo romântico e simbolista, às vezes gólico, às vezes expressionista, a sensação do concreto, do orgânico, do químico e do fisiológico, numa espécie de naturalismo às avessas, tende a tangenciar o movimento subjetivo, tão intenso em sua dicção, para além dos limites lineares do simples confessionalismo. O eu, em Nauro, por mais individual que seja, como autêntico eu poético, é sempre um eu social. Observem-se, a propósito, estes versos do soneto IX da série "Encontro dos pólos", de *Ouro noturno*:

"Por quantos dias levarei esta cruz?
Por quantos dias sofrerei estes sóis?
Céu azul, ó céu azul, rogai pelos nus,
pelos pobres, por mim e todos nós.
/.../
Céu azul, rogai por mim e por Jesus,
que ele, e eu, e todos mais estamos sós".

E, mais especialmente, o texto "Calendário", de *Masmorra didática*:

"Tomaste parte em nenhuma outra guerra.
Não perdeste pés ou mãos dentro desta.
Não abriste túmulo em nenhum lugar.
Nada quiseste além dos teus haveres.
Teu país de bois na aurora plantados,
levou-o o tempo na usura do ocaso.
Fizeste nada sábado, domingo,
segunda, terça, quarta, quinta e sexta.
Igual a todos, somaste semanas,
unindo a noite ao dia e o dia às noites.
Escuta: o tempo passa! E o teu passou.
Passou o bonde, o colégio, a criança.

Já o adulto vai-se: estás chegando ao fim como um ronco doído em coisa podre, como um enlatado para ninguém. *Made in Brazil*. Tonel à água lançado no porto noite. Minha família! Ó alma".

Ricardo Leão, ao estudar sua herança lírica, em obra já citada, chega a idêntica conclusão, ao afirmar que "Nauro realiza um lirismo de grande consciência e conteúdo crítico", rejeitando, assim, "o desabafo vulgar ou o sentimentalismo medíocre", quer "para falar do enclausuramento do eu diante dos fatos existenciais, sociais e históricos", quer "para tangenciar inquietudes que, ao fim e ao cabo, são de todos nós".

Não importa, portanto, a vertente lírica pela qual se encaminha a expressão poética, assim como não importa a diversidade de motivos. Há, em Nauro, uma persistente procura da essencialidade das coisas e das qualidades do ser. Nesta procura, não existe complacência para com o *status quo*, muito embora se saiba que, na ira inquietante de seus versos, podem rutilar alguns sinais de um mundo melhor.

A angústia, aquela angústia somatizada, como bem observou José Guilherme Merquior, não consegue negar os lerões de uma esperança possível. Se o poeta discorre, não raro em andamento patético e trágico, sobre a morte, a solidão, a noite, o tempo, também o faz sobre Deus e sobre o alcance significativo da própria palavra poética. Interessa sobretudo perceber que a essa fala preside sempre o olhar crítico, às vezes corrosivo e amargo, do eu poético. Um eu que, sendo quase biográfico em Nauro, transcende as fronteiras biográficas e descortina latitudes existen-

15

ciais imprevisíveis. Na constatação surpreendente, por exemplo, de "Matéria de jornal", poema de *Lamparina da aurora*, o motivo da morte não elide a possibilidade de uma outra forma de ser, decerto a forma essencial, a forma poética. Leiamos o texto:

"Drummond falou dos seus mortos reunidos.
Eu falo dos meus mortos insepultos.
Dos que amanhecem sãos, mal rompe o dia
bailando sobre as valsas pelo outrora.

Eu canto o azul no galho dos meus pássaros.
(Plantei uma árvore muito além dos frutos.)
Meus mortos é que estão nascendo: os vivos
apodrecem reais e como póstumos".

Em Nauro Machado, a frase poética se faz instrumento de um dizer essencial. Há como que em seus versos a negação do que é, lembrando a *alteridade* do que poderia ser. Sua poesia define-se, assim, como crítica da cultura, como força antiideológica, antimercadológica (por excelência, uma espécie de antimercadoria), enfim, como poesia de resistência. Nesta mesma linhagem, vejam-se, entre tantos outros, especialmente os poemas "Delirium tremens", "Abrangência", "Fila indiana", "À maneira de quem levou porrada", "Pequena ode à Tróia", "Terra de ninguém" e "A lente do mundo".

O viés metalingüístico também não sucumbe ao imperativo gratuito da arte pela arte nem ao esvaziamento semântico em prol de um metaludismo da forma pela forma em que tanto se comprazem diversos poetas contemporâneos, sobretudo aqueles que não sabem, ou não podem, reinventar, com dicção própria, a matriz cabralina. Nauro é de outra estirpe. Para ele – e tantas vezes isto foi dito – a poesia é um caso de vida ou morte. Seu discurso metapoético, portanto, dentro da lógica interna de sua cartografia lírica, também assimila o princípio da essencialidade. É substancial, temático, motivado, enfim, coerente com a perspectiva ideológica de sua poesia, assim como se põe em consonância com as suas variadas estratégias estilísticas.

Em "Conjunto habitacional", texto de *Os parreirais de Deus*, enuncia o eu poético: "(...) o poema mora no meu pensamento/como na casa por mim habitada/até a hora final da nossa morte". Estes versos convergem, pelo primado da unidade significativa da mensagem metalingüística de Nauro Machado, com o tom reflexivo do poema *Masmorra didática*, sobremodo com a idéia da continuidade poética, sugerida na última estrofe:

"Poesia: idade-média,
idade da pedra,
idade de Adão.
Teu mundo amanhece
diariamente".

De outra parte, é o embate entre o poema e a vida, entre a forma e a matéria, para que daí se revele, perplexa, a dilacerada e aguda consciência do poeta face aos limites da linguagem. Veja-se o poema "Mutilação", de *Opus da agonia*:

"Minha vida, que é palavra,
na minha voz encravada

mas sem atingir meu ser
(o poema por fazer-se
a cada minuto e hora
de toda minha existência),

como as ondas volta à praia
após encher-se de novo
para secar outra vez:
matéria da minha flora
apodrecida sem fêmur
nunca está pronto o poema".

Finalmente, entre tantas abordagens do material poético, o tópico seminal da essencialidade, que se insinua nestes versos de "Consolo e tabuada", texto de *Funil do ser*: "A poesia, poeta,/ (...) O primeiro número/no derradeiro/o/número total/na essência de Deus", e se confirma nos versos parentéticos de "Biópsia", poema do mesmo livro: "(...) (Porquanto a poesia vive/onde não é possível viver)".

Talvez a poesia viva, mas paradoxalmente não consiga viver, no corpo da linguagem, na arquitetura do poema. Talvez esteja aqui, nesta gramática dialética, um dos nervos centrais da poesia desse maranhense.

Sem fugir à solicitação dos dados da realidade que consubstanciam a presença do poeta no mundo, a força dos poemas metalingüísticos – e de certa maneira são quase todos – de Nauro Machado vem, na verdade, problematizar as respostas unívocas emitidas na relação entre o poeta e o mundo. Nauro, seguindo certa linhagem da lírica moderna, principalmente a dos mágicos e delirantes, embora não se mostre avesso a técnicas dos lógicos e matemáticos, assume a precariedade da linguagem e das soluções que venha a dar para os enigmas da realidade. Neste passo, são apropriadas as palavras de João Alexandre Barbosa, ao abordar o tema da metalinguagem, em *Ilusões da modernidade* (1986): "(...) A esta univocidade agora se substitui a construção de um texto por onde seja possível apreender, como elemento básico de seu processo de significação, a própria precariedade referida".

Este traço me parece fundamental à poesia de Nauro Machado. É este traço, inclusive, o alicerce de toda a sua singularidade estilística. Quer no plano fonético e lexical, quer no plano sintático e semântico, a consciência dos limites e dos poderes da linguagem se faz presente. Seja na vertente discursiva dos poemas longos e, sobretudo, na tonalidade barroca dos sonetos, seja na tendência minimalista dos poemas curtos, praticados em toda sua trajetória, os processos de construção e desconstrução da matéria verbal não somente revelam o olhar vigilante do mestre e do inventor, mas procuram se coadunar sempre às necessidades semânticas da mensagem poética.

As investidas fonológicas, através das rimas internas, ecos, assonâncias e aliterações, se associam às rupturas sintáticas, aos *enjambements* e ao acervo vocabular de fortes incidências fisiológicas, no sentido de semantizar cada vez mais o corpo dos poemas. Aqui, a figura central é a metáfora. Genitiva, apositiva ou predicativa, a metáfora é sempre dissonante, radical, visionária, como diria Carlos Boussono, na medida em que os termos se igualam não porque em princípio objetivamente se pareçam, mas porque despertam, em nós, um sentimento parecido.

Os exemplos são abundantes, pois a poesia de Nauro Machado, mesmo a partir dos títulos (*Zoologia da alma*, *Os órgãos apocalípticos*, *A antibiótica nomenclatura do inferno* e *O anafilático desespero da esperança*), assim como em cada verso e em cada poema, tende a passar necessariamente, não importa a recomposição das formas fixas e dos metros tradicionais, por este persistente processo de reinvenção técnica e estilística. É isto que faz, sem dúvida, do poeta maranhense, um poeta moderno, dentro da mais alta tradição da lírica ocidental; um poeta do ser, mas também um poeta da linguagem.

POEMAS

CAMPO SEM BASE (1958)

METAMORFOSE INICIAL

Me crio em nova forma. Não
a que em quartos, corpos
gastos sofrem, tão sós,
pastos vis de um mútuo asco
solitário. Bem os sei também
distendidos, parto enfim
da morte, não a própria
(dificílima),
mas suja e dividida
com outrem. Me crio em nova
forma. Uma, incessante, dia meu, –
árduo, que sobre o piso a
comida de ontem jaz. Sabe a
tarde, loucura, carne ou
legume? No banho seu odor
me penetra – sabre. Foi e
já não é, coube e já não
cabe: cai, ressequida, lúcido
ódio! Me crio em nova
forma. Não esta, mas outra
maior, dia meu, mais árduo,
onde meus ócios secam,
apodrecidos, no tédio
das palavras.

SONETO DA DERROTA

Meu pai, mas já que tudo me derrota,
se tudo, pai, me leva de vencida,
se na mata teu vulto ainda bota
um corpo enorme, de lua destruída,

dá-me ao menos o indício da rota
que me leve a ti, na noite perdida,
ou então a pureza da infância remota,
a mim, pai, que vivo a angústia da vida!

Se neste chão me corrompe o poema,
não vês que suo e sofro a luta suprema,
que esta carne em solidão aspira a um céu?

Se na mata rebentas num soluço,
dá-me a paz, pai, a mim que caio de bruço,
sob cem janelas de um arranha-céu!

O PARTO

Meu corpo está completo, o homem – não o poeta.
Mas eu quero e é necessário
que me sofra e me solidifique em poeta,
que destrua desde já o supérfluo e o ilusório
e me alucine na essência de mim e das coisas,
para depois, feliz ou sofrido, mas verdadeiro,
trazer-me à tona do poema
com um grito de alarma e de alarde:
ser poeta é duro e dura
e consome toda
uma existência.

O EXERCÍCIO DO CAOS
(1961)

ANGÚSTIA LARVADA NO TEMPO

Acuso o contemplar-te, sol de escombros,
porosa planta insana que se esbanja
no mundo. Na exigência da atenção,
feroz assalto de luzes subjugo
na terra que assisto em pedra e revérbero.
Teu resíduo pui os répteis nas montanhas,
o pão na mesa e a grama no terraço.

No tijolo onde é a pia e vejo o rego,
por onde se esvai o que elaboro, arfa,
em desespero, a fala e seu emprego
próximo da visão: sol e garrafas.
Aceito a invectiva do demônio.
Fornalha do meu dia patenteio
meu lúcido desânimo, manhã,

viscoso líquido deste humor.
Tempo, cúmplice visão te constrói:
contemplar-me é forçoso nas nascentes
do tempo, minhas manhãs, meu nojo
e pranto na relva, sempre, esta estéril.
Onde incontida aurora já me banha
as fibras do Anjo na minha matéria,

e indissolúvel morte asfixia o corpo
(e a mãe justifica o filho no ventre),
eu, por mim não escolhido ou aceito; eu, sóbrio
fruto por onde cai o auxílio próprio
de mim, do meu medo, enorme, de o fruto,
real, ser o ser no que há de vir
(ou que não virá na aceitação: paz

de manhãs usufruindo o nada),
eu, por mim não escolhido ou feito; eu, feito
na permanência diária de mim,
após o feito, e que sei do século,
meu nojo e pranto na relva, esta estéril,
em ti soluço e caio no meu nada,
no degradar-me ao dia infecundo,

preso à trágica e mesma força atávica
pela córnea, brilho do meu sol,
sofrido sol, porosa planta insana
que me subjugou a este parapeito
onde, corroída e insone, se desmembra
a frustração total, tempo; e contemplo,
no pressago fim, as mãos nos despojos

do crime, que ossudas se fecham e acusam-te,
anciã, destes reais pó e nojo,
eterno e nosso, de ainda sermos vivos,
quando gralhas finais, voando, cúmplices
do céu e da hora, atestam o relógio
e o roubo do homem neste galpão
que sangra (sangra no tambor do mundo).

Difuso mundo solitário brilha-nos,
no parapeito ou cadeira, os resíduos
de dentes, triunfantes, nesta fome
diária, duro uso alimentício,
que carboniza silêncios na fruta
que iniciam, e mais que o caule é a raiz donde
a vida exulta em roubo, pois se exaure

um corpo, frio sol, turva dor roendo
a mão, infecunda, ao sal do azul na lepra,
sol diuturno do homem, anátema
do sol, gáudio onde cingir-se ao pó,
há de a boca, na fala que a consome,
doer – misericordiosa pátria –, doer
até no que lhe negam de legítimo

no homem: sua fome. O corpo, sem nome,
cai no metal em soluço e a vertigem
da rosa incrusta-se na mente. Língua,
te habitamos: – nada somos entre
a luz e a sombra, e aqui o tempo, qual sable,
nos sitia e assoma o erro de sermos ventre
de um outro, nossa culpa, a nossa, que abre

um mundo. Neste reino o tempo é – e teimo
em sê-lo: corpo, que a alma é morta e nesta
manhã concluo a razão de me ser – nada:
– a época legisla e rói teus bens.
Teu solo entrava o presságio de paz,
pois, em roubo, o lesas e corroboras
teu sol de escárnio embora, em espólios,

já queime, sem honra, tua alma, na pólio
que a ressecou, qual infecundo fêmur.
Já queime, sem honra, tua alma: nossa alma,
que o sol secou, e esta época desintegra,
e, alvo ossuário, que a outra ave nutre,
ei-la mártir como as pedras, tamanhas
pedras, manuseadas por estranhos

sóis, só ódios, tão sós, de quem cega
perdida crença, alçando o vôo de pragas
no ser angústia do ser sem plaga,
nos bairros interditos, na atroz lâmina
de luzes e hotéis, corpo, ó corpo,
criando o inútil da aridez de hoje,
e este tempo conspurca-me. Conspurca

muito além do erro, a verdade. Além do erro
com que me construí no mundo, o ferro
dos bois silenciando minha carne.
Conspurca meus olhos. Seu inacessível
eterno, o peso de sua solidão
contra a bélica dor deste cimento,
ou pedra. Aves dardejam-me. Ó incrível

peso da terra e meu dia! Árvores tremem
além do tempo precipitado ao
tempo, à calcinação da erva, sem tempo.
Meu cansaço queimava no pejo
próprio do banco, minha paz e sua
herança. Porém eu dizia: no sonho
se esclarece a dúvida da razão

diária. Estes frutos queimam. Sufoco.
Mortos são os bagos que me enchiam a boca.
Silencioso torso, paz eqüestre,
de putrescível luz, herói, as badernas
na hora em torno, e o que resta: o silêncio
da terra; a folha que cresce do solo;
a onda que torna sempre ao mesmo sal;
tudo é certeza, aqui: a espera do nada
que se arredonda, já se faz na relva,
nas latas, no abrupto sol que arfa sobre
a cidade. Onde tudo é morto, nasço
do estardalhaço da luz nos meus ossos,
terra!, tara que a infância hasteou no ombro
de quem se entrega agora à metrópole,

e mercadeja seu crepúsculo, último,
de farinha e de murchas ervas úmidas.
Terra, esta é a terra, este é o meu, o nosso século:
nascem as manhãs do solo da fome.
Patíbulo da honra me rói o canto
e o sol do século pasta o silêncio.

DO FRUSTRADO ÓRFICO
(1963)

A CASCAVEL

A renúncia foi imposta à cascavel
por laço oculto, que – à pedra e ao pó, a encrava.
Contra a estaticidade, ei-la, em vôo, ao bote:
a cascavel flutua como a graça
da lepra e vê-se, do céu, uma réproba.
A renúncia foi imposta à cascavel
por força oculta, que – ao arrastar-se, a lavra.
Mas ao homem é a mudez da palhoça
no lancinante trabalho deste ar.
Mas ao homem é um fundo, eterno escuro,
que a ambição do escuro é tornar-se claro:
o mundo exterior não o nega ou proclama –
fá-lo. No entanto, na alma eternamente,
a luz que se projeta faz-se sombra.

AMPULHETA

Eis que já te acossa
o despojo de tudo.
Teu tempo é por demais
saciedade.

(Gasta, podre maçã,
desfaz-se no chão idêntico.)

Eternidade,
usufruto do tempo:
eis que te devora
o ludíbrio de vida.

DUPLO SILÊNCIO

Ó paz
dos dentes:
que pás
ardentes

cobrem-te?
Sobrem-te,
amigo,
as rosas

e as bênçãos:

te pese
– de leve –
o abrigo
do mundo.

SEGUNDA COMUNHÃO
(1964)

ENCARGO

Enterrei os cadáveres das meninas
com mãos pelo pranto decepadas.
Enterrei os seios das meninas, como limões
que guardassem os cavalos da carne.

PRECE INVERSA

Eu busco alguém,

eu quero a forma
que me preserve
além de mim

– contanto minha –

com o mesmo olhar
que eu tenho agora
para as manhãs,

para esta noite!,

com o mesmo tato
que eu tenho agora
para esta flor,

para esta carne!,

eu busco Alguém,
– conquanto fábula
da minha infância –,

eu quero a forma
que me preserve
além de mim

– contanto minha –

para eu nascer
toda manhã
(como a manhã)

com o mesmo olhar
e o mesmo tato
do mesmo ser

que eu tenho agora!

FEIRA DE AMOSTRAS

É preciso que as coisas se tirem ou dêem, se revelem ou exponham, e que eternas morram – em nós – para serem terríveis como são.

Essa é a realidade: isto o complemento dela.

TAQUICARDIA

Há vinte e nove anos que eu ouço os grilos
sobre o silêncio da minha matéria.
Cresci com eles os rios e as campinas,
sabendo-lhes o gosto das manhãs.
Há vinte e nove anos que eu ouço em mim
a natureza – como um coração.

O PIANO DOS AFOGADOS

Reténs a forma para um outro espaço.
Nascem de ti as estranhas madrugadas.
Noturnas chuvas dos céus mais órfãos,
banham-te as teclas de álgidos artelhos.
Nasce de ti a roupagem das vertentes
que a primeira mulher se despe intacta
para a ressurreição da sua inocência.
Ó azulejo, ó piano de outras mãos:
retém meu mundo pela última vez!
retém meu tempo que esgarça outro tempo!
retém meu sopro de fugacidade!

O MILAGRE

Muitos parece que estão por dentro
como os olhos de Lúcifer nas trevas.
No entanto o Espírito do Homem sopra
a folhagem verde do amanhecer:
"nós nos suicidamos mas seremos
perdoados, nós nos suicidamos
para resistir às fúrias do inferno".

VISLUMBRE

Outro silêncio
canta a vida
profundamente.

Outro silêncio
maior que a paz
abandonada.

Maior que a imensa
paixão sonâmbula
dos moribundos.

Eis-me de novo
entrando em guerra:

de mim que resta
profundamente
de infância?

Ó povo, me ajuda,
que eu sozinho morro.

OURO NOTURNO
(1965)

NÓ GÓRDIO

Como um bofete na face de um morto,
como o sangue, as lembranças me acompanham.
Rios deságuam dentro do meu cárcere,
trazendo o estrume das mais secas folhas.
Piqueniques em mim se realizam,
merendas do remorso, quais lagartos
a descerem pelas encostas da alma.
(Os mortos voltam nas noites de lua,
os mortos de lençóis embalsamados.)
Os barcos vão-me e vêm-me: as mesmas margens
percorrem, desde o início de mim.
Aquele traz um nome: a eternidade;
aqueloutro: o naufrágio da esperança.
Como um bofete na face de um morto,
como o sangue, o passado me acompanha.

LITANIA PARA A QUE FICARÁ

Deixada a carne e os pertences
das mais humanas raízes,
tudo o que sobre mim penses,
revidarei em cicatrizes.

Revidarei dentre os brotos
nascidos das virgens praias,
nos corações já rotos
de flores e samambaias.

Revidarei na distante
terra, longa tecelagem
do tempo – de mim constante
ausência, carnal miragem.

Revidarei no que fui
de difícil solidão
(ó verdade que me exclui
da bênção, na maldição).

Revidarei nas tarrafas
da noite, recolhendo astros,
na aleluia das garrafas,
quando o orgulho for de rastros.

Revidarei nas paredes
de meu próprio ser recluso,
que saciar possa as sedes
de quem não mais tiver uso.

De quem seja desterrado
do que em si mesmo abocanha
(quem foi sempre desgraçado,
cuja dor nunca é tamanha).

Revidarei dentre as cáries
das angústias sem ungüentos,
no coração das barbáries,
no feto dos pensamentos.

Revidarei no que assombras
de céu, e a terra em mim deixada,
meu ser revidarei em sombras
e em eternas madrugadas.

O ENCONTRO DOS PÓLOS (IX)

Por quantos dias levarei esta cruz?
Por quantos dias sofrerei estes sóis?
Céu azul, ó céu azul, rogai pelos nus,
pelos pobres, por mim e todos nós.
(Sobretudo por mim, porque me fluis,
mundo, na carne retalhada em voz.)
Céu azul, rogai por mim e por Jesus,
que ele, e eu, e todos mais estamos sós.
Badalai, ó mar, no vento das corvetas,
no fundo abismo, pão das vossas tetas,
badalai, ó mar, por mim e pelos mares.
Dobrai, ó sinos, num dobre de finados,
ensangüentando o azul dos vãos trinados,
e que eu me vá, adentre mim, pelos ares.

ZOOLOGIA DA ALMA
(1966)

ARENA

Mortos não têm sangue,
mortos não têm carne:
no entanto, feridos
mortos aqui sangram,
com suas cabeleiras
untadas de mel.

Pedra e canivete
contra eles usei:
abri-lhes os olhos,
quebrei-lhes a testa,
e inda recriminam
minha piedade.

(Pedem mais dor – para
fazê-los gritar,
e mais olhos – para
fazê-los presentes
nesta madrugada
de silêncio eterno.)

Neste branco sangram
pães amortalhados:
palavras de outrora
suspendem a tampa

do verbo recluso
no caixão da carne:

quereis ressurgir
quais brancos pombos
de devassidão?
Quereis ressurgir
quais negros touros
de paisagens rubras?

"Mas humanos pés,
mas humanas mãos,
mas humano sexo,
mas humanos todos,
para, vivo grito,
contratourearmos."

Mortos não têm sangue,
mortos não têm carne:
no entanto, feridos
mortos aqui sangram,
pedindo mais olhos
para a eternidade.

VOLÚPIA

(Daqui a três séculos
– ou três segundos –
seremos letras
de um alfabeto
de pedra e cal.
Mas pouco importa.)

Ó primavera
deste apogeu!:
meu verbo é fruto,
visão da terra,
esgrimir de anjos,
celeiro vasto

de mortos roucos,
serpentes líricas,
flores perpétuas
das alimárias,
coração e epístola
da fauna-flora.

(Daqui a três séculos
– ou neste instante –
diremos: Pai,
e não O ouviremos

em três segundos.
Mas pouco importa.)

Ó primavera
deste apogeu!:
no sangue azul
de mil desejos,
meninos mortos
pedem-me as bênçãos,

perfuram-me a alma
corruptível,
grão vegetal
cavado em mim,
frutificando
em ananases.

(Seremos árvores
plantadas mudas,
nascidas mortas,
seremos frutas
para as compotas.
Mas pouco importa.)

Ó primavera
deste apogeu!:

embarcações
pedem-me ferro,
fundeiam em mim
as profundezas

da febre azul,
do sangue vário,
e o holocausto
dos tubarões,
meus solitários
de mil veleiros.

(Daqui a três séculos
esperançosa
humanidade
estará em mãos
de um dinossauro.
Mas pouco importa.)

Isto é o passado,
isto é o futuro.
Tudo confunde-
se neste gozo:
aleluia, ó aurora
de meu apogeu!

NECESSIDADE DO DIVINO
(1967)

CANÇÃO AUSTRÍACA

Canta, mulher bela,
pureza de antanho,
neve na janela,
ó sol que não arranho.

Canta, mulher virgem,
canta na minha alma,
esta atroz vertigem
que te lambe a palma

de estrelas nos dedos,
de riachos nas unhas.
Canta-me os segredos
da boca que empunhas,

purpurina. E cheia
de um bem que eu não fiz,
ó inocência alheia:
faze-me feliz!

BACIA DA SALVAÇÃO (9)

Que planeta gerou meu nascimento?
Que paraplégico planeta? Acesas
estrelas frias, meu estrumado alento,
teus róseos dentes, Pai, de eternas presas,
mastigam o osso do apodrecimento
e esmagam a alma das minhas tristezas!
Que planeta fez-me em carne, e não em vento?
Noturna dor de mortais represas,
já estou morrendo como um rio em mim,
no leito seco desta terra: assim...
(Meus órgãos sonham flores malogradas.)
É meia-noite. Hora eternamente
a bater em minha alma, um passo à frente,
como uma besta andando. A chibatadas!

NOITE AMBULATÓRIA (1969)

RETRETA

Antes de pedra um Pai me houvera feito
ou na cisterna – ao eu nascer – me atirassem
para existir no sonho de incognoscíveis águas,

pois nasci para habitar no coração do universo
e não nesta casa onde o verme resiste
até mesmo no último parafuso de meus ossos!

Nasci para ser salvo deste sonho de existir,
querendo – entanto! – existir, inda que para a morte
                                                                                                 eu vá
e seja, duro e inteiriço, como o derradeiro torpedo

desfechado das praias da minha consciência,
sem a esperança de deuses sobre-humanos
coabitando na saudação de todas as auroras.

SONETOS (2)

Pois que a vida marcha para trás
e a morte, ubíqua, segue para a frente,
quando reina o carrasco e o órfão inocente
ao amanhecer em vítima se faz,
onde alma e corpo se digladiam, às
portas do eterno – e o ateu apunhala o crente
e a idéia de Deus, de sã, faz-se doente
e a treva, enferma, gera Satanás,
eu, filho da matéria e do acinte,
de tudo expulso, da verdade egresso,
neste século tido como o XX,
assim vislumbrei ser a eternidade:
uma província pelo progresso
extinta. Uma utopia de saudade.

DO ETERNO INDEFERIDO
(1971)

AS PARALELAS

As pedras talvez se encontrem
e os sapatos também:
talvez no futuro seja.

(Ou talvez o futuro já seja
e o passado sempre esteve
e em agora não se acabem.)

As pedras um dia se encontram
e os opostos também:

só, nas encostas do tempo,
minha alma comigo
não se encontrará jamais.

DELIRIUM TREMENS

Do nascimento à morte, o equívoco é de todos!
O que eu levo, também o levam assassinos,
levam-no plantas, bichos, velhos e meninos,
levam-no as mesmas vísceras do espasmo em lodos.

Viscoso oleoduto que em dor transitamos,
estranha elefantíase, qual se doença fora,
a terra cresce, corpo, a terra nos estoura
no escuro ou claridade, aonde quer que vamos...

E pouco importa a Deus o que chamamos de alma!
Senhor do céu, e do inferno – e o que neles comporta,
eu me liquido em Ti, ó Deus, que (enfim) pouco
importa
que eternamente eu esteja morto na minha alma!

OFÍCIO

Ocupo o espaço que não é meu, mas do universo.
Espaço do tamanho do meu corpo aqui,
enchendo inúteis quilos de um metro e setenta
e dois centímetros, o humano de quebra.
Vozes me dizem: eh, tu aí! E me mandam bater
serviços de excrementos em papéis caídos
numa máquina Remington, ou outra qualquer.
E me mandam pro inferno, se inferno houvesse
pior que este inumano existir burocrático.
E depois há o escárnio da minha província.
E a minha vida para cima e para baixo,
para baixo sem cima, ponte umbilical
partida, raiz viva de morta inocência.
Estranhos uns aos outros, que faço eu aqui?
E depois ninguém sabe mesmo do espaço
que ocupo, desnecessário espaço de pernas
e de braços preenchendo o vazio que eu sou.
E o mundo, triste bronze de um sino rachado,
o mundo restará o mesmo sem minha quota
de angústia e sem minha parcela de nada.

EQUAÇÃO (5)

Pode alguém perceber alguma cousa
do que a vida vai sendo, inconsciente?
Hábito de ser, pássaro que pousa
no agudo canto, seja a nossa mente
a sempre nova manhã, a branca lousa,
a tudo aberta e que ao silêncio atente.
E sempre atenta, seja-me a alma esposa
do corpo meu, este ser aqui assente
força de verbos, aberta laranja
na azeda boca, que ao dia se esbanja
sobre o mesmíssimo silêncio do ar.
Cantem-me os pássaros, que eu silencio
como a verdade profunda de um rio,
como a verdade autônoma do mar.

DÉCIMO DIVISOR COMUM
(1972)

MANJEDOURA UTERINA

Há tanto tempo regresso ao mal
em voltar à fonte mais completa:
aborto de Maria, hímen
entre coxas imperfeitas
como água de cisternas.

E a língua do universo queimando:
NOITE, verbo de eternas estrelas.

TERÇÃ TEMPORÃ (III)

Sondo o mistério, a febre da existência,
matéria hóspede em precária estada,
me acompanhando o fardo da indigência,
em desastradas formas desatada.
Cabelos crescem: eis a evidência
das coisas vivas, desta angustiada
procura do real, por sobre a ausência
de mim, do meu ser quase sonho ou nada.
Traíram-me os céus. Trutas trotam rios.
Uma criança nasce dos estios
desaguados nos meus invernos vários.
Sofro o futuro na idéia de ser hoje,
e entanto passo, eis que o futuro foge-
me agora, feito de ontens sanguinários.

TESTAMENTO PROVINCIAL (1973)

LISURA

O vidro cega
quando em espelho
abandonado.

As mãos morrem
sem a esperança
que os olhos têm.

A tarde é simples
no coração
das gaivotas.

Torre nenhuma
floresce em lábios
silenciados.

Silêncio: espera!
Chamas-te agora
o sim do sempre.

O ANUNCIADOR

Morte é o alimento da terra
que rejeita vida. A erosão
dos intestinos na alma,
no fermento do Calvário.

Morte é a pequenez do grande.
A manhã sem o canto dos galos.
A pele afixada ao corpo
como sentença de Caim.

O gozo da carne no escuro:
cachorra esquecida em si mesma,
pedindo com os olhos graúdos.
Morte é o que me traz até aqui.

INFERNO E CÉU

Sei que, no alto, uma lua renasce sempre em lua,
depois do sol. Porém, em mim, o dia se apaga
e desce à terra na órbita dos meus olhos.
Sinto: sei que não vou poder nascer de novo.

ERGÁSTULO EM BRANCO
(VII)

Do passado longínquo que além fui,
não reconheço o instante aonde vou
criando dias e anos, como quem rui
do próprio ser, que o Ser já se finou.
Não reconheço o grito, o estupor do ui
no moribundo ai, que aos lábios não dou.
Não reconheço o instinto que me pui
a angústia d'alma, onde o monstro tombou!
Reconheço o chicote deste azul,
o norte louco de apátrida sul,
do espaço mesmo expulso; e expulso e mudo,
só reconheço estes dois olhos-trevas,
fonte primeira de menstruadas Evas,
morte final do tempo e, após, de tudo.

ERGÁSTULO EM BRANCO
(XI)

Neste edifício em cúbico declive,
rastreando o bafio de alimentos,
dou à luz do verbo a fúria dos ventos
cotidianos, desde Esparta e Nínive.
Vislumbro o fim de tudo que não tive
e sei bem perto os currais sedentos,
irmãos do barro, e por mortais eventos
me encarcerando ao tempo que em mim vive.
Parece um sonho o tempo que me tem!
Ruína e vento, hóspedes do além,
ruína e vento sequem-me a cabeça
caída sobre a selva do meu busto,
para que (morta) cresça ela um arbusto,
enquanto, eterna amnésia, eu em mim me esqueça!

A VIGÉSIMA JAULA
(1974)

DIDÁTICA

É decente a lepra do tempo
no baú da nossa memória.

É decente o orgasmo da estátua,
já forma liberta, sem vôo.

É decente a palavra exata
no exterior da nossa pele.

Indecente é o morrermos sós
como um fruto numa cisterna.

CRONÔMETRO

Com relógio e tudo
o pulso cessará:
no instante serão horas
de dormir sem ouvidos
na altura do silêncio.

De dormir como dormem
o alfinete e o crepúsculo:
ninguém perceberá
como parou depressa
(sem corda) um coração.

LUA DA MANHÃ (II)

Só hoje reconheço o que perdi.
Talvez outrora, com um rosto vário,
qual se nascesse em outro o que está aqui,
no útero alheio de errado ovário,
fosse eu feliz, como qualquer guri
chamado Sá-Carneiro, sem o Mário!
(Pela metade feito, sou este "se",
sonho inacontecido e involuntário.)
Tudo coisas de quem adivinha as
coisas partidas, dadas a outros eus,
sonho existências que em mim não são minhas,
sonho momentos que em mim não são meus,
gritando barro!, ao sangue de outras vinhas,
gritando morte!, aos parreirais de Deus.

# OS PARREIRAIS DE DEUS
(1975)

DANÇA HERÉTICA

Sou ímpar: sou par em mim,
quando em minh'alma carrego Deus
transportado num cofo de vísceras
pelas ladeiras da misericórdia.

Quem me restituirá ao ímpar que sou,
senão a morte que descascará minha pele
abandonando os braços, inutilmente
à espera do sol?

Sou ímpar em mim e par em Deus.

CONJUNTO HABITACIONAL

Qual o inquilino de um único quarto,
nele passando toda a sua existência
– sem sair à rua ou ver o sol sequer –,
o poema mora no meu pensamento
como na casa por mim habitada
até a hora final da nossa morte.

LÁPIDE E NUVENS

Última lição do mármore:
não restará nem memória
daquilo que o tempo grava.

ABRANGÊNCIA

Tenho sede de oceano
porque se afunda na minha alma
um peixe.

AGIOTAGEM

Todas as cifras não somam uma só vida. Todas as moedas não impedirão que um homem caminhe resoluto para o ventre da alma.

COFO DE MISERICÓRDIA (4)

Que ignoto mundo em mim se fez empresa
predestinada à ruína que encerro?
Na imunda besta posta sobre a mesa,
que sinal de alma em minha carne ferro?
(Falo do fel da neve em barro presa,
falo da noite que em pleno dia erro,
por sabedor de tudo que é torpeza
à neve, ao barro, ao mais doído berro.)
Sei de mim, que tresnoito no azedume
da bilha seca e do apagado lume
na casa erguida em férulas de fel.
E brada e berra, o barro amando a neve,
um sonho morto, o cântico mais breve
do verbo amargo de arruinado céu.

COFO DE MISERICÓRDIA (6)

A dor de ser, do ser fatal senhora,
a dor de ser, do ser feroz patroa,
é instante só, mas que no ser demora,
e dura, e fere, para que mais doa.
É dor da eternidade morta em hora,
é dor de estar no ser, a coisa à toa,
a coisa passageira, qual vã aurora
tornada em noite, a que ninguém povoa.
Somente o verde oculta o verde à flor.
Não posso eu ocultar-me noutro ser
nem pode outro dizer-me em mim: eu sou.
Ó ser do ser mortal, ó ringue, ó lona:
se o início e o fim são só meus, podeis crer
que a dor é a ladra da minha alma. A dona.

OS ÓRGÃOS APOCALÍPTICOS (1976)

SEGUNDO *DELIRIUM TREMENS*

Fui espadachim, algo de podre e belo,
porque rompi-Lhe o ovário com cutelo,

rompendo-me a mim com mãos claudicantes.
Fui espadachim de andaimes verdejantes,

cortando o feto de rainhas virgens,
de putas nobres e bufas vertigens.

Meu pai sagrou-me, minha mãe pariu-me:
quem me teve não mais me vê: viu-me

o dia da noite, o estrondo do raio,
onde soluço e em cântaros desmaio.

Consinto em ser o império da amargura,
a lepra santa de igual criatura

postada sobre mim, no meu assédio.
Sou eu mesmo o estrume canto, o meu remédio.

Mate-me logo o *delirium tremens*
de todo álcool, de todos os sêmens.

A ANTIBIÓTICA NOMENCLATURA DO INFERNO
(1977)

ESTADO DE SÍTIO

Sai pelos olhos a imagem da noite.
A alienação é lâmina no escuro,
pulso notívago em núpcias de armário,
engomadeira cega no hotel da alma
cerrada em quartos de bidês alheios,
a alienação, mal chega a visita,
a hóspede esperada e envelhecida,
a outrora amiga, em meio à nossa sala,
conosco dividindo o dia acabado,
a mesa posta para o prato amargo,
a alienação, lâmina no escuro,
em conversa soturna, línguas de ódio,
senta-se à esquerda do nosso silêncio,
e canta, canta: esquece-te da prece,
abjura o ombro que te carregou,
o partilhado em dádiva comum,
o mesmo idioma, o mesmo sexo nosso,
a igual necessidade de sentar-se
alguém e, nas calvícies do abstrato,
do tempo-monstro, o indevassável deus,
escada enorme de vícios e luzes,
tatos tutanos de homens e bois,
fezes humanas de adubadas lágrimas,
encontros de colarinhos e saias,
de estômago e intestinos, e interiores

à própria imaginação indevassáveis,
buscar cabelos que lhe sejam barcos,
que lhe façam de novo o infante sonho,
que lhe digam do outrora: aonde? aonde?
A alienação, lâmina no escuro,
senta-se à esquerda do nosso silêncio,
e canta, canta: pede demissão,
pede demissão (pia a ave burocrática)
e o Senhor da vida trabalhará
sozinho, sem que Lhe batas à máquina
o peso do dia ou a ordem baixando a noite,
esta exaustão de ônibus sobre estradas
de árvores e vaginas se estendendo
em tremores de treva assalariada.
Pede demissão, pede demissão!
Não vale a pena o palco, o julgamento
para o sumário da culpa, este pêndulo.
Não vale a pena tanto orgasmo oculto,
tanta nudez oferta à insone mãe,
tanto comboio tirano e putrefato
seguindo em lâminas de eucaristia,
comungando Deus entre pão e cisterna.
" *– Minha avó sofreu a agrura da velhice,*
o piano da Europa e a valsa de Strauss.
No instrumento batendo no bidê

para o concerto da água estagnada,
minha avó lava o sexo na lembrança
ainda virgem da terra e do enfarte."
" Não vale a pena tanto ócio estrelado,
tanta ruína de mortos na janta
onde o diálogo é terra e água, anzol
fisgando o tempo entre cardumes pedras.
Crepúsculos não sabem de ti, vã
e merencória consciência pânica,
bula enfermiça de todos os males,
pores-de-sol antigos como a infância.
" *– Compunhas frágeis frases de eterno*
no caroço assaltado pela fome.
De carros verdes, azuis e vermelhos,
compunhas a paisagem das tristuras,
o arquipélago bom dos olhos míopes
sorrindo dentre a voz dizendo: pai
– ou papai –, bênção corrompida e aflita
no homem teso, imaginando o sonho
aonde levar-te, disperso no canto
das manhãs, no sapato das distâncias.
Perdi-te algures, no sombrio lado
de quem te acompanhou, por vezes tantas,
buscando em ti o apoio para o seu ser.
Bit-bit, brincas tu, buscando um trânsito

além do que vejo, nesta metrópole
onde ergues teu edifício de arcos puros,
tua cordilheira de altares e pássaros,
teu conduzir-me, cântaro das fontes,
ao bosque aberto por tua inocência.
Ou dizias, noutra fala a mim negada,
por mim perdida numa língua azeda,
na boca impura do meu próprio nome,
no lábio vil de quem mordeu o lado
por deuses maus no céu rendidos,
o que era o carro que tão juntos víamos:
teu deus sonoro, tua fábula mundo,
teu pai querido, tua mãe amada,
tua urina pura, tuas fezes santas,
teu choro... e choro para em mim cegar-me,
para dar os olhos que não foram teus,
aos carros verdes, azuis e vermelhos,
que iam além do meu conhecimento
para a verdade da própria verdade."
A alienação é assim: Rose-Marie
cantando em tempos que não voltam mais,
ou balalaica, laca na memória
sepultada tão inútil em canoas
que buscam peixes de impossuído sal,
o retrocesso da primeira fala

no que acontece e – se não aconteceu –
vivido foi, tal a lembrança hoje
doendo em vida adulta, feita espasmo
na escadaria, no escuro, na roupa,
no jardim de automóveis e sapatos,
na sopa requentada dos subúrbios,
na imaginação lírica dos sábados,
cebola e sexo, qual capim das cruzes.
Por que detê-la com punhal sem uso,
à enferrujada rosa? Tal vermelho,
lembrando o fruto de silvestre fel,
melhor cravá-lo, enterrando-o fundo
no inerte corpo sem promessa alguma
de lava-pés ou soberana pose
no ereto comprimento em outro entrando,
aceito o compromisso da matéria,
seu refazer-se dupla no oposto olho
lacrimejando por dejeto templo,
onde escorrem cavalos, pênis e alhos,
lavanderias de luas e salgueiros,
cabeças de crianças nascituras
pedindo mãos e pés, no umbigo presas.
" – *Estou correndo, estou no mesmo início*
do nascimento, de quando me vi
a milhas de quilômetros, planeta

inabitável exceto por mim.
Ou por ninguém? Clausura demanda alma,
intui silêncios de metamorfose,
requer planícies de alados cavalos,
adubos de nostálgico mistério,
jogos de dama entre a forma e o vazio,
tapete espesso onde desliza o tempo,
menino esguio a demandar o nome
para o conteúdo e o ser, malha tenuíssima
onde fazer-me o fato: o rosto adulto.
Guerra nenhuma manchou meu morteiro,
feriu-me o cerne de iracundo espinho,
marcou-me o rosto onde sorriu meu pranto.
Estou correndo sim, estou correndo
para lugar nenhum de nome exato,
para nenhum dizer-me: estou aqui, AQUI!,
no homem público que se ata esquivo
sequer ao ponto, este vivo obituário
onde chorei na prancha do Teu esgoto,
no cálculo que outros faziam por Ti
matando em mim a régua da emoção."
A alienação é pedra no testículo
absorvendo a angústia do arame,
o telegrama escrito de passagem
pela cidade onde a noite desanda

seu frio vaginal de rodovias,
seus passageiros de órfãos migratórios,
a terra úmida e vã pisada dentre
e por debaixo de seus habitantes,
os silenciosos que os ônibus rasgam
sem domicílio de pátria ou família.
" – *Estou correndo, estou no mesmo início*
de quando em mim vislumbrei eu mesmo, o próprio,
o nominal numérico ímpar um,
um nauro nada, azedo nado ou zero
caído e pronto para a volta ao altíssimo."
"Vinha feliz – voltará desgraçado.
Entre o vir e o irá, cai o presente augusto:
o filho deu-lhe a costa já futura.
Onde antes havia o sol, duas pedras negras
subtraem-me inteiro a um par de muletas."
A alienação, lâmina no escuro,
atravessa quem segue, qual cadáver.
Perdi tudo à armadilha de meus pés.

MASMORRA DIDÁTICA (1979)

TRAVESSEIRO

Todos os meus tijolos,
minhas pátrias e raízes,
morrerão contigo, ó Alma
eternamente vencida
no tombar das estações:
levantarei ervas apenas
dos meus lábios iletrados
no silêncio do infinito
alfabeto da tua morte.
Não resta nada, após tudo.
– Expectação, ó minha pátria!

CALENDÁRIO

Tomaste parte em nenhuma outra guerra.
Não perdeste pés ou mãos dentro desta.
Não abriste túmulo em nenhum lugar.
Nada quiseste além dos teus haveres.
Teu país de bois na aurora plantados,
levou-o o tempo na usura do ocaso.
Fizeste nada sábado, domingo,
segunda, terça, quarta, quinta e sexta.
Igual a todos, somaste semanas,
unindo a noite ao dia e o dia às noites.
Escuta: o tempo passa! E o teu passou.
Passou o bonde, o colégio, a criança.
Já o adulto vai-se: estás chegando ao fim
como um ronco doído em coisa podre,
como um enlatado para ninguém.
Made in Brazil. Tonel à água lançado
no porto noite. Minha família! Ó alma.

MASMORRA DIDÁTICA

Poesia: idade-média
descascando a pele
da criatura humana,
para deixá-la em osso
até o final dos tempos.

Invenção do verbo,
a poesia fede
a solidão humana
escovando o hálito
todas as manhãs.

(Por não ter um dente
ou residir em boca,
o dia se eterniza
sem as nossas fezes
e a nossa saliva.)

Poesia: idade-média,
idade da pedra,
idade de Adão.
Teu mundo amanhece
diariamente.

AS ÓRBITAS
DA ÁGUA
(1980)

Letra de fogo e de ouro do soneto,
letra capaz de fé aos que, sem fé,
secarão na alma a carne do esqueleto
vazio e nu, contudo ereto ao pé.
Letra de fogo e de ouro às vezes preto,
fosforescência do útero à mulher,
tambor de estrelas, túrgido amuleto
da escuridão que, eterna, já me quer.
Canta, soneto, minha morte à rua,
canta, soneto, à morte minha e tua
trombose enfim, mas fim insubmisso,
entre a terra e o pavor, meu céu devasso,
entre o Ser e o meu ser, o infindo espaço,
entre mim e ninguém, meu nada, só isso.

Na só imaginação faz-se o universo,
minha cadeia de água e de oceanos.
Toda uma idéia é um mar em Deus imerso,
toda uma idéia é um Deus de alma em ânus.
Ó maléfico espelho, duplo inverso,
ó maléfico espelho, demo e danos!
Toda uma idéia coube no meu verso.
Todo o humano encheu meus desumanos
olhos, orelhas minhas desumanas,
desumano furor do que tu danas,
danada loba, morte em alcatéia.
Todo cadáver é um porto seguro.
Toda claridade é um fim de escuro,
eterna terra para sempre idéia.

O CALCANHAR DO HUMANO
(1981)

FILA INDIANA

Um atrás do outro, atrás um do outro,
ano após ano, ano após outros,
minuto após minuto, século
após séculos, continuam

(a conduzir seus madeiros
na perícia dos próprios dramas)

um atrás do outro, atrás um do outro,
ano após ano, ano após outros,
minuto após minuto, século
após séculos, e de novo

um atrás do outro, atrás um do outro,
até a surdez final do pó.

BRASÃO

Sem ninguém para amar é feliz a alma.
Sobre ela a funda e igual noite descer
ainda mais fundo que a um túmulo pode:
pode feliz descer a noite nela.

Não amar ninguém: um bicho amar e, ao menos,
nesta infelicidade de uma só alma
ter a certeza – ao menos – de amar poder!
Mas nada amar. Ser como um rio só.

Ser do rio as águas do mar. Ser do peixe
o instante dele. Da água, o esquecimento.
Nada amar pode a alma que feliz é.
Sem nada amar, pode a alma se esquecer.

O CAVALO DE TRÓIA
(1982)

À MANEIRA DE QUEM LEVOU PORRADA

Minha função não é ser comprador de peixe.
Não é saber diferenciar um podre de um fresco.
Ou um bagre frio de uma pescada amarela.
Assim como nada pude diferenciar de nada,
visto o azul mais azul pesar-me em negro,
minha função é ser o peixe e o seu anzol,
fisgado que fui pelas mais turvas águas.
Dizem-me alguns: ou como cavalo louco
que rondava feliz em seu perdido lar.
Mas não posso ser é comprador de peixe,
embora o peixe eu ame tanto em seu mar azul.
Mas não posso saber é diferenciar os peixes
quando vou comprá-los no mercado do mundo.
Se é que os peixes podem em podre ser
como os compradores deles, peixes:
deixem os peixes aos compradores de peixes.
Deixem o resto ao resto que me alegra ser.

PEQUENA ODE À TRÓIA

Como te massacraram, ó cidade minha!
Antes, mil vezes antes fosses arrasada
por legiões de abutres do infinito vindos
sobre coisas preditas ao fim do infortúnio
(ânsias, labéus, lábios, mortalhas, augúrios),
a seres, ó cidade minha, pária da alma,
esse corredor de ecos de buzinas pútridas,
esse vai-e-vem de carros sem orfeus por dentro,
que sem destino certo, exceto o do destino
cumprido por estômagos de usuras cheios,
por bailarinos d'ascos sem balé nenhum,
por procissões sem deuses de alfarrábios velhos,
por úteros no prego dos cachos sem flores,
por proxenetas próstatas de outras vizinhas,
ou por desesperanças dos desenganados,
conduzem promissórias, anticonceptivos,
calvos livros de cheques e de agiotagem,
esses lunfas políticos que em manhãs – outras
que aquelas já havidas, as manhãs do Sol –
saem, quais ratazanas pelo ouro nutridas,
apodrecendo o podre, nutrindo o cadáver.
Se Caim matou Abel e em renovado crime
Abel espera o dia de novamente ser
assassinado em cunha de rota bandeira,

que inveja paira em Tróia ou em outro nome
qualquer
da terra podre e azul de água e cotonifícios?
Mutiladas manhãs expõem-se nas vitrines
de sapatos humanos mendigando pés,
de vestidos humanos mendigando peitos,
de saias humanas mendigando sexos.
Esta é Tróia!, o vigésimo século em Tróia,
blasfemam as fanfarras de súbito mudas
nos ouvidos marcando a pancada da Terra.

WHAT IS NAME?

Fernando Pessoa nunca viu o Quatro Rodas.
(O melhor hotel de São Luís do Maranhão.)
Fernando Pessoa nunca dormiu no Vila Rica.
(O melhor hotel de São Luís do Maranhão.)
Nunca teve ele uma praia particular
ou sequer alguma que lhe fosse pública.
Fernando Pessoa existiu em sonho e morreu real.

MATURIDADE

Nada vale o que passou.
Nada diz o que morreu
sem terra ou caixão nenhum,
onde descansar seus ossos.

A ponte de Waterloo
e a valsa da despedida
são coisas do teu passado.
E o passado não tem peso.

Não apodrece o teu passado
no túmulo da memória,
essa pertinaz moenda
que sem cana ou mel de açúcar

mói o imputrescível das coisas
com suas gavetas e bocas
abrindo papéis e beijos
para a volúpia do nada.

Nada vale o que passou.
O que mata é o teu presente.
É a certeza do cachorro
a morrer de fato e sempre

(sem que dele tu soubesses
mais que o soube ele de ti)
nesse conhecimento ímpar
de pedra em arame farpado.

Não vale a pena nascer,
abrir-se, dar-se de fato,
para um jogo que é travado
com a certeza da perda.

O SIGNO DAS TETAS
(1984)

TERRA DE NINGUÉM

Essas árvores são de outros.
Essas fruteiras também.
São, esses estranhos, senhores.
Eles chegaram de pouco
e pouco a pouco tomaram
nossa pia, nosso espelho,
nosso almoço, nossa fome,
e a nossa alma – se pudessem –
que até mesmo em nosso leito
quiseram deitar: deitaram-se.
Eles vieram para sempre.
E eles aqui ficarão
até o mundo se acabar
pelo fogo do fastígio.

MOBRAL DA NOITE

Às vezes paro: em que cidade sirvo
à jardinagem pânica da flor?
Sonho rebanhos no tombar da noite.
Em cada beco um agrião me cega
no pesadelo sem qualquer manhã.
Anoiteço em cadáveres de estrelas,
afora os próprios que em mim carrego
nos fardos de algodão da infância em trapos,
nas garrafas vazias e papéis velhos.
Vendedor ambulante, me abro ao sonho
dos quintais de outrora... Ó sol sem gosma,
sem gomarábica a grudá-lo à noite
eterna, como Romeu a Julieta!
Que veneno restou-me agora adulto,
passado tanto tempo sem tomá-lo?
Como exigi-lo à boca do poema,
à paralisia inerme da palavra?
Estrelas doem, batem na minha mãe
ainda viva, doem no meu pai morto,
estrelas, as maníacas do silêncio!
Em que cidade sirvo à dor eterna?
Por detrás da vidraça o mundo é vasto...
O sol se põe nos píncaros vencidos
pelo noturno amém das cegas coxas.
Ninguém me assiste à esquerda solidão

em que conduzo a ofensa do vocábulo
como vidraça oferta ao olhar da língua.
Soube da letra como o analfabeto
no papel mesmo em que seu nome lavra
num garrancho qualquer do céu palmar.
Soube da letra como quem modela
sua via-crúcis pelo batistério
aberto a um nome tornado mortal.
Soube da letra numa palma dita
impressão digitálica à irmã morte
com que me assinei pela vida inteira.
Nalguma parte, em chãos ou céus de enxofre,
jogaram meu destino pelos dados
dado para o espinhaço do Calvário.
Deus, meu maior inimigo, é um espelho!
Não o do vidro opaco onde apor a imagem
que cegar posso se em mim não me assisto
o habitante do meu próprio rosto,
deixado atrás numa escova de dentes.
Mas o da transparência da angústia
onde nasce igual dia todos os dias
com sua obrigação de um mesmo sol
na terra idêntica a pedir-me bis.
As praias, sem mim, estão desertas:
Ponta d'Areia, Olho d'Água, Calhau,

onde uma noite choveu a treva toda
acumulada em minha escuridão.
(Maior, Pai, que a tua imagem sem espelho
nenhum onde olhar a alma em Deus vazia.)
Estou sobrando em mim mais que no mundo.
"A mortuária máscara de Goethe.
A glória alucinada em Bonaparte.
O nome insano na água de Torquato
caído além da boca das cisternas.
O sonho ensandecido em Bequimão.
O soluço final em Gettysburg.
A bota do carrasco e o sim do herói:
qual o maior na súmula do nada?
Amanhã Frederico nascerá outros.
Amanhã eu serei igual a todos eles.
Amanhã eu romperei todos os hímens
da amplidão cósmica, desmesurada."
Estou excedendo o tempo em mim cumprido
sem que o pedisse minha própria fala.
Quem, do alto, me assinou um dia bêbedo?
Soube da letra como um nome escrito
para apagá-lo em mim, sob a cabeça.
Fatal sentença me criou mortal.
Vejo retratos de várias épocas.
Em cada um deles tenho diferentes

olhos, nariz, memórias, agravos,
momentos de ódio sobre crânios de outros.
Meu rosto vê os mortos de antigamente
comprando tíquetes para o futuro.
(E vê também os mortos de amanhã
comprando a volta para a eternidade.)
Beijo a ilusão da matéria que é sonho
e me acrescento à soma inexistente:
sei que existiu o menino que estou vendo
mudando em mim seu rosto envelhecido
no inusitado adulto já cadáver.
Nele sentado, em mim se despe Deus:
como se veste um morto, está o retrato
emoldurando o instante já vazio
de seu sentido, para sempre. Inútil,
não perderei uma grande coisa. Assim:
se o milagre do copo uniu-se ao vinho
e o dia se ata à noite num milagre,
no esparadrapo da alma o corpo andando
seu suspensório efêmero de arco-íris,
pode a noite descer, sem historietas
de Robinson Crusoé nesta Ilha azul
– ou cor de sangue – na ênfase cromática
da maldição. Às seis horas batem cinco,
às quatro as três, às três as horas todas

se encolhem mansas como ovelhas lerdas
seguindo em rumo do cutelo atrás.
Envelhecemos sós, mas nunca juntos,
nosso destino em frente a um sol sem costa,
a um sol deitado à escuridão do sangue.
Ninguém dirá o que foi nosso destino:
a multidão do alho, o olmo do horizonte,
a cebola sem faca e a fonte em pedra,
nosso desejo seco em naus de fímbria,
e este vocábulo dentre vocábulos,
língua por sobre a língua, abrindo línguas,
como ferrolhos perros para a chave
de uma outra Porta inexistente à chave.
Aberta a porta, se abrir a pudermos,
não existe porta, mas o vácuo dela
dando para o vazio do nosso hálito.
A tarde sopra a noite em pandos lábios,
despeja o verbo no orifício da alma
entre órgãos de fígados e rins
no numismático ouro desta treva.
Milagre é o céu de algum antigo inferno
tapando a boca da ressurreição.
Sinto que passas, vida, e para sempre!
E por não haver mais esperança,
e por não haver mais sobrevivente,

o Sacrifício e os seus companheiros
– moralidade à porta do Imoral
e abstinência em frente do Desejo –
se erguendo a sós com as mais secas bocas
exclamarão ao fim de um só caminho
após a janta insone do universo:
minério estéril a terra jaz/ida.
Já ser da pedra, e pendurar aqui
a sua noite, enfim, como chuteira.
Agora é tarde para ser feliz.

CONTUMÁCIA

Maldita a vida me seja,
três vezes maldita seja
a vida que me desastra
e que por ser-me infinita,
três vezes seja maldita
e amaldiçoada madrasta.

Quem me fez como um qualquer,
dormindo aonde estiver,
saiba deste desprazer,
para sempre e desde saiba,
para que o seu Ser não caiba
na pequenez do meu ser,

que eu não pedi para estar
com minhas pernas no andar,
com minha emoção a sentir
este universo que tapa
a minha boca num tapa
e a minha língua sem Ti,

essa coisa que fede a iodo,
como a água do mar ou do
envelhecimento o rim,
essa coisa que derrama
seu púbis velho de chama
a extinguir-se quase ao fim,

corpo de Deus! Corpus Christi!
Viste-O algum dia? Tu O viste
sequer um dia como tu?
Integral e à dor exposto,
desde o cio ao suor do rosto,
desde impotente até nu?

Os meus membros são crepúsculo!
São sangue e iodo os meus músculos,
é iodo e sangue a minha cruz.
Por que não nasci não sendo?
Por que, ao amanhecer, acendo,
noutra treva, cega luz?

Se além da terra existe ar,
se além da terra ainda há
por menor que seja, um seja,
como à noite volta o dia,
como, ao corpo, o que o procria,
como, em mim, meu ser esteja!

Dentro ou fora, qual gaveta,
para que, em mim, o ser meta
quem, em mim, é este meu ser,
olho, em volta, à minha volta,
e olho nada – só o que solta
de qualquer um: quem ou o quê?

Nada é, pois tudo se sonha.
E se alguém me falar: ponha
tudo que lhe resta, e resta
no que, ao pôr-se, se me põe,
para que em mim meu ser sonhe,
vivo morto – e a morte empesta!

Como dar à vida pôde
o nada ser que sou de
outro feito pelo ser?
De outro ser, igual a mim,
mas de outro início a outro fim,
noutra vida até morrer?

Ó envelhecer do meu estar!
Da leitura de Balzac,
De *La Comédie humaine*,
se passaram tantos anos
nos malogros desenganos,
sem disfarce ou *mise-en-scène*.

Bela Eugénie Grandet:
sois lembrança a anoitecer
pelas tardes do meu Carmo,
quem me traz a quem não sou
na usura do pai Goriot
que me a mim dá, para dar-mo

no meu duplo a ser mais dois,
quais búfalos que são bois,
ao mar meu a ser mais mar de
ontem que ao ser-te, alma, foi-te!,
nas noites que são mais noite,
nas tardes que são sem tarde.

Só me lembro de andorinhas,
que hoje são luas-vinhas
que iam e vinham às seis,
só me lembro das sequazes
na imprecisão de alguns quases,
na distância de vocês!

Locador de um condomínio
frustrador de um hímen híneo,
frustrador de um hímen são,
locador que loca um louco,
de carne e ossos sou reboco
desse barro em maldição.

Tudo é farsa, menor dor.
Sou, em mim, o que me sou
desde o ventre que me fez.
E contemplo a arraia, e raia
dela, como de uma praia,
a noite toda. Ei-la aqui. Eis:

andaime, sucata, ferro,
vagido, vagina e berro,
viatura e papelório,
passa tudo, e é a viatura
conduzindo à sepultura
meu ser morto. E sem velório.

Pois viu a terra e além bebeu-a,
pois viu o tempo e disse: é meu, à
solidão cerzindo a roupa
onde, se me dispo, visto
o sexo nu de algum Cristo
que, despido, não me poupa.

Dez anos de coito cego
são as metáforas que lego
à solitária da escrita,
aonde não chega ninguém
exceto o vazio que vem
de uma montanha infinita.

Róseas ruas da memória,
róseas ruas, hoje escória
que a soçobrar mais me sobe,
afundai-me na lembrança
hoje cravos da criança
que meu cadáver descobre.

Como, à noite, acendo a lâmpada,
para imitar (rampa da
noite) uma inútil manhã,
como o como que mais como,
assumo, na idéia, o pomo
da primitiva maçã.

Assumo o dia original.
Nascimento à morte igual,
nascimento em morte assumo
nesta página onde, em branco,
minha vida inteira arranco
do nada em que subi. E sumo.

E sumo a sós. Mas prossigo:
"na idéia é bem maior o trigo
que na boca o próprio pão,
na idéia janto a sós, comigo,
o pão real que mastigo
feito de imaginação".

Azul manhã em contumácia!
Negra noite, azul, te amasse
a idéia sem pensamento,
te amasse a própria Idéia
reduzida a uma hiléia
sem ar, floresta, rio, vento.

Ao ouvir da tarde: fracasso!,
conquanto, vergando, os braços
dissessem: pára, enfim finda!,
e morre, ó alma desgraçada,
eu ousei retornar do nada,
ousei retornar ainda.

Abandona, ó rei, abandona
o abono de qualquer cona
além do sangue e da queixa.
Cerca a tua casa e a mura
com o suor da tua estatura,
e deixa o remorso, deixa-o!

Senhor do teu sofrimento,
vai-te com o diabo e o vento,
vai-te com a noite e o monte.
E fala, ainda que mudo,
que, do nada, igual a tudo,
sobre ambos nasces. E põe-te!

Elimina todo *se*
da pretensão de existir
na existência que é demérito,
e no não haver nascido
elimina-te existido,
elimina-te pretérito!

Eliminar o talvez.
Não saber dia, hora ou mês,
não saber até o minuto
em que me vim sendo feito
plantando a morte no peito
e o espinhaço no meu fruto.

Por que o vermeversoverbo
da herbívora erva que eu erbo
no meu plantio masculino,
inverte o chão do teu galho
arrancado do assoalho
repicando como um sino?

Ter olhos-Deus! Olhos-sóis
tem-no o Deus que cego a sós,
tem-no o horizonte a pôr-se
como colírio em dordolhos,
tem-no quem me olha nos olhos
como se cego eu já fosse!

Ah!, se a pedra me fizesse
fazer-me cobrir quem desce
à região do ser meu *se*,
para não haver nascido
ou o houvesse enfim já sido
sem que eu dissera: nasci!

APICERUM DA CLAUSURA (1985)

1

No mais puro triunfo assoma e clama,
rompendo em fúria o cio da memória,
a tragédia humana que à alma é drama
e que subindo ao corpo é terra e escória.
Quem saberá na treva a luz da chama,
quem ganhará da luz essa vitória?
Canta, universo, à boca que desama
na aberta vida a morte transitória.
Contumácia da dor no azul empíreo,
contumácia do azul no seu martírio,
contumácia da idéia na lucidez:
quem nos vê trânsfugas, na dor traídos,
não saberá jamais destes gemidos
subterrâneos com que a dor nos fez!

73

Já fiz de tudo para abandonar-te.
Como à doença, procurei um remédio
capaz de me curar do câncer da arte
e de esconder-me à angústia do tédio.
Já me exilei na imunda e última parte
do meu corpo mortal: a que me mede
do infinito que vai do ânus a Marte
e à que Te impreca no meu dedo médio!
Por que não ser comum como um banqueiro,
um datilógrafo, um cão ou um barqueiro
tragando o fumo de um sonho feliz?
– Simplesmente porque não tenho aonde ir,
simplesmente porque não tenho aonde ir,
exceto ao fundo do que eu mesmo fiz.

OPUS DA AGONIA
(1986)

MUTILAÇÃO

Minha vida, que é palavra,
na minha voz encravada
mas sem atingir meu ser
(o poema por fazer-se
a cada minuto e hora
de toda minha existência),

como as ondas volta à praia
após encher-se de novo
para secar outra vez:
matéria da minha flora
apodrecida sem fêmur
nunca está pronto o poema.

CANÇÃO DO D(E)EXÍLIO

Não permita Deus que eu morra
nesta terra em que nasci:
que a distância me socorra
e com turbinas me corra
de quem minha nunca cri.

De quem, minha, foi madrasta
desde o início ao anoitecer,
e que como gosma emplastra
o infinito que desastra
meu desespero de ser!

Nosso céu tem mais estrelas,
nossos bosques têm mais vida.
Mas, somente a merecê-las,
se abram os olhos que, ao vê-las,
têm a córnea pervertida.

Nosso céu tem mais primores
quando o crepúsculo baixa:
são os mendigos e as suas dores
carregadas nos andores
como defuntos em caixa.

Onde cantou o sabiá,
cantou outrora a cotovia.
E hoje canta, em outro ar,
nenhuma ave, que as não há
nesta terra, morto o dia.

O ANAFILÁTICO DESESPERO DA ESPERANÇA (1987)

A LENTE DO MUNDO

Quando, num livro de obstetra,
– tinha eu talvez tão só dez anos –,
vi a genitália aberta, abjeta,
e vi a imensa sujeição do ânus,
senti-me ter a alma de poeta:
um mar entre dois oceanos.

Nasceu dali este meu destino,
como se daquela cabeça,
daquele feto de menino,
daquela flor tão-só crueza,
pudesse a dor também ser sino
e a miséria também grandeza!

O DUPLO RUIM

Toda existência é voraz.
Todo ser devia ser só.
Não unir-se nunca, jamais,
não enroscar-se em nenhum pó.

Ter por casa o mundo todo.
Ter por lar o que é do chão.
Carne, ó dinheiro de um soldo
ganho só com maldição!

Vilipendiar-se? Por quê?
Unir-se a outro? Mas com qual?
Ser um só, para mais ser,
fruto embora de um casal.

Toda existência é nenhuma,
se feita para outra, em dois.
Role o mar, eterna espuma,
presente ontem e depois.

A ROSA BLINDADA
(1989)

SONETOS (10)

Cantar-te-ei, cidade, qual se amada
fosses até o final dos que têm ossos,
para, no amor, cantar-te desamada
a destroçar-me ao chão dos meus destroços.
Cantar-te-ei, cidade, em todo e em cada
imundo beco ou rua aos passos nossos,
e em moribunda noite à madrugada
trazendo o chumbo dos soluços grossos.
Cantar-te-ei, cidade, o início e o fim
com todo o corpo. E até no podre rim
carregado por crápulas fiéis,
cantar-te-ei, de imunda, o Senhor-Morto
me conduzindo ao cais do último porto,
onde dormirei eterno sob teus pés.

SONETOS (77)

Se em Granada mataram Federico
e em São Luís me matam tal e qual,
se o animal é um político que é rico
e o homem é um político animal,

voltaremos à pátria, Frederico,
voltarei à pátria – ó meu filho – afinal,
liberto do animal e do político,
liberto deles como um mar sem sal.

E livre deles no meu ser liberto,
encontrarei por fim, no meu ser fim,
um mundo justo, mais que este, por certo.

Onde não haja, se acaso houver
ser e haver, lembrança de ti ou mim,
lembrança alguma de homem ou mulher.

MAR ABSTÊMIO
(1991)

ESCAFANDRISTA

Baixei meu rosto de fruto onerado
pelo verme carnal. Baixei à estação
dos mortos dando apenas das abelhas
o subterrâneo mel de escuro cio.
Baixei mais fundo ainda que o sonhado.
Baixei à imaginação além do existido.
Filho, desci. Desci na minha vida,
como se fora nalguma manhã
a noite toda, além do fundo ainda,
a ser descida. E à qual baixei, desci
carregando comigo a minha queda,
até me confundir e ser real
como o desejo e o nada à terra vindos.

ENGUIÇO

Ouço o pensamento
pela noite funda
sobre o quarto todo.
Ouço-lhe o lamento
como quem se afunda
em maré de lodo.

Como quem já cai
de uma escadaria
sem nenhum degrau,
a noite se esvai
sem nascer-lhe o dia
nosso desigual.

O tempo não é bom
nem a vida é boa
e nem tem sentido.
E vivemos com
nossa idéia à toa,
de efêmero ruído.

*LAMPARINA
DA AURORA
(1992)*

LUAS E MARÉS DE SÃO LUÍS

Não apenas nas luas, nos astros e nas marés,
nos dedos fendidos e nas águas cariadas,
nos enigmáticos lençóis para novos mortos,
no louco arrependido e a subir ladeiras,
no fâmulo traidor e no filho a buscar
entre livros e lembranças o pai longínquo
(como se busca entre ruínas novas o lodo velho
ou entre gavetas o pranto amargo e sempre novo);

não apenas na insônia de hímens e de louças,
no serviço público pelos anjos do sétimo dia
oficiando o que é perdão nas sacristias,
enquanto se desfaz a carne de todos nós
no sexo menstruado de hemofílicas rosas;

sim, não apenas nas luas, nos astros e nas marés,
nas premonitórias garrafas de rótulos ébrios,
no frustrado gesto da mão a enrugar-se em nuvens,
na bacia femoral da água padecendo ao pó
a oração multiplicada à ofensa da carne, iníqua;

não apenas nas luas, nos astros e nas marés,
no mênstruo dos olhos percorrendo os céus,
no pranto sem óculos ou no aro das lágrimas:
governa alguém o destino de segunda a domingo

os nomes dando às coisas, qual se fossem coitos de coitas
ou coitos de costas nas vértebras sonoras do eco,
governa alguém o túmulo em que hoje eterno estou,
em que hoje me faço número na tabuada sem erros,
tudo a cair-me enfim da traição de algum Deus.

Ah, se do se a exacerbar-me o grávido destino,
pudesse alguém fazer-me a realidade que de mim corre
como égua alucinada pelas pastagens do demônio!

Tudo é instantâneo após a cal cobrindo a face serena
dos mortos:
o destino é uma súmula no espelho do efêmero.

MATÉRIA DE JORNAL

Drummond falou dos seus mortos reunidos.
Eu falo dos meus mortos insepultos.
Dos que amanhecem sãos, mal rompe o dia
bailando sobre as valsas pelo outrora.

Eu canto o azul nos galhos dos meus pássaros.
(Plantei uma árvore muito além dos frutos.)
Meus mortos é que estão nascendo: os vivos
apodrecem reais e como póstumos.

FUNIL DO SER
(CANÇÕES MÍNIMAS)
(1995)

CONSOLO E TABUADA

A poesia, poeta,
é um hálito apenas:
o beijo sonoro
de uma boca morta.

O primeiro número
no derradeiro:
    o
número total
na essência de Deus.

ESPONJA

Estou esquecendo meus mortos.
Já as sílabas dos seus nomes
soam surdas aos ouvidos
de quem lhes balbucia os ossos.

Dentro de mais alguns anos
ninguém lhes saberá os nomes:
inútil retê-los tantos
pelas pálpebras dos sonhos.

(Que, quando abertas, são pássaros
pousados sobre seus frutos.
E, se fechadas, os passos
entreabertos no escuro.)

Só eu ainda lhes sei os rostos
multiplicados por muitos:
depois, quando eu for seus póstumos,
apagar-se-ão em segundos.

E nunca mais ninguém
lhes conhecerá os costumes:
de si próprios os apóstolos
na eternidade dos túmulos.

Estou esquecendo meus mortos:
sequer lembrá-los não posso
entre a memória do olvido
e a cegueira dos meus olhos.

A CONSTRUÇÃO DE UM MONSTRO

Sou o poeta-orelha
com os lábios no câncer.

A denegação da manhã
nascendo pura alegria de pássaros.

As andorinhas põem seus ovos
nas asas das minhas mãos.

Estou vivo se respiro em mim
o hálito alheio a Deus.

A TRAVESSIA DO RÓDANO
(1997)

1

Eu fui há muito alguém que agora tenho
voltando apenas neste corpo alheio
e sombra ainda que galgando venho
para formar, como em espelho cheio,
a imagem toda, pelo eterno empenho,
do ser real embora em mim ao meio:
eu fui há muito alguém que agora lenho
neste machado com que me nomeio.
Voltando vou da antiga e eterna cal
com que me fiz e de outro ao próprio vim,
para chegar, no término real,
àquele início a ser feito de mim,
sabendo apenas, quando no final,
que recomeço do meu próprio fim.

15

O nada é ser memória de ninguém.
Treva qualquer, qualquer tábua nenhuma,
madeira morta pr'a um morto também,
serei memória pois de coisa alguma.
Estarei em mim comigo no que é sem
aquilo que à pessoa faz-lhe ser só uma:
um Deus morto antes mesmo de Belém,
um barco feito porto todo em bruma.

E em mim desfeito além nalgum lugar,
fugidia sombra em mim a acontecer,
quase sessenta anos indo a negar
a forma máxima ou mínima ao ser,
nesta neutralidade vou chegar
qualquer dia, quem sabe?, a me saber.

TÚNICA DE ECOS
(1999)

1

Vinha cantante como um eco dentro
e porque já era um fruto em frente à fonte,
da escuridão me fiz o sol no centro
a caminhar nos pés subindo ao monte.
Deparei então com o Outro: feito adentro
da própria soma o fim que já me conte,
para subtrair-me do chão em que, eu-pó, já entro
como se entrasse noutro horizonte.
Aberto após, qual se abre uma treliça,
cessei de ser no Ser qualquer premissa
de uma matéria póstuma, podre e oca.
E outras palavras, como verbos feitos
do que se fala além dos fetos-leitos,
me enchiam os lábios com essa outra boca.

7

Vivi deveras o real de um sonho
ou tudo feito em mim de um pesadelo,
se fez maior que o mundo mais tristonho,
sem Deus nenhum capaz de concebê-lo?
Ó pensamento em que real me ponho
talvez menor que a sombra de um cabelo:
como saber-te o fundo tão medonho,
desenrolando teu fatal novelo?
Que desperdício em mim transborda tanto,
que até caindo desço mais que o pranto
vertido todo por detrás dos olhos?
E cavo, e vejo, como um ser defunto,
meu pensamento a estar deitado junto,
em sonhos feitos pó para os piolhos.

99

No teu cadáver jogo uma moeda,
para comprar a vida nessa cama
em que te deitas como, à própria queda,
também se deita o corpo de quem ama.
Nenhuma sede sobre a seda seda
o sofrimento aos lábios desse drama,
a transformar em vil terra o que é, da
mais pura boca, a terra apenas lama.
Ninguém te quer, ó asilo, a carne pronta
para gozar do amor a velha afronta,
eternamente pútrida depois.
Mas nessa moeda, a ser cara e coroa,
no teu cadáver sou dupla pessoa:
nós nos deitamos para sempre em dois.

O ALAÚDE AMBÍGUO
(2002)

720

Pretendo o verbo que é maior se mudo,
que só é real se quando à boca cala
nesse silêncio após com Deus e tudo,
como um cadáver preso a sua fala.
E sobre o barro com que em paz me acudo
na muda boca, já mais funda ou rala,
esse silêncio, feito eterno estudo,
cresce na boca e sem poder fechá-la,
pois muda embora, quando é morta, a voz
ainda fala para abrir-se após,
cavando a terra numa eterna lavra.
E como um fruto cresce para a fruta,
esse silêncio fala a quem escuta
o verdadeiro verbo da palavra.*

---

* Este soneto, que faz parte de *O alaúde ambíguo*, livro inédito, integra a antologia **Nau de Urano** (2002).

A ROCHA E A ROSCA
(2003)

Ó vãs falas da epopéia
feita apenas de uma idéia
laborada pelo vento;
ó sapatos e objetos
a se fazerem repletos
do meu próprio pensamento;

ó trabalho de um coveiro
atando a corda e o cordoeiro
no pescoço do crepúsculo;
ó carne e alma como dois
a se deitarem depois
num cadáver todo em músculo;

ó formas do que encho e penso
pela fala de um imenso
corredor do em mim vivido;
ó passos que já se façam
além do espaço onde passam
os resíduos do existido:

já acabado, enfim completo,
como resto que alguém cobra
pela soma do alfabeto,
para fazer-me sem sobra,
cubro a palavra, que é um feto,
para fazer-me Verbo e Obra!

....

PÃO MALIGNO COM MIOLO DE ROSAS (2004)

Eis o trovão que só ecoa
após a luz que antes vemos
fazer-se sobre um céu à toa
para a terra que em nós temos:
ser tudo, e ainda pessoa,
Deus, é tudo o que queremos!

Pela morte, como um hímen
deflorado sem sabermos,
criaremos Deus, o crime
da nossa carne de enfermos,
ó alfabeto que redime
nossos derradeiros termos.

FRAGMENTO DO POEMA

Cadáver-enciclopédia
de rigidez antológica,
no fabrico de autopeças
para a ferrugem de outra ótica;

cadáver que já se lima
na parte mais funda, íntima,
deitado à boca, como ímã
a suspendê-lo ao fim, ainda:

desnudo para o que é vista,
deitado para os seus closes,
um poeta te revisita
no final das tuas poses,

cadáver como talvezes
nesse cartório de rezas,
para a escritura do pêsames
ou um nascimento às avessas.

Esta casa, aonde chegas,
bem menor do que um mosteiro
(franciscano, pelo teto,
cujo chão é a cumeeira),

esta casa, sem estética,
só parede em dura cerca,
cujo fundo não se mede,
como tudo que se verga,

esta casa, que do ferro
da alma talvez ganhe um terço,
menor que a soma do resto
se com o teu corpo a meço,

esta casa, aonde chegas
com o que de ti não mais presta,
dentro de tábuas com pregos,
em cama sem cio, quieta,

esta casa, aonde chegas
na inocência de um trevo,
no beija-flor, cujo beiço
é um bico em Deus, seu incesto,

esta casa, feita um feto
concebendo um mundo inteiro,
no fundo chão a ser seu teto,
faz-se em festa: é um aconchego.

Na paisagem como vãos
de uma porta em osso e cal,
com dois olhos como irmãos
siameses no final,

com a boca, que é um gemido
como música sem pauta,
o morto só tem ouvidos
para a canção que ainda falta.

No escuro dos pesadelos
para a ossatura mais alva,
o morto só tem cabelos
como um giz de eterna calva,

por onde meus olhos vão,
como mãos de animal,
pela costa e sobre o chão
da coluna vertebral.

Como à casa o seu reboco,
como à cama o amor em coma,
tirar o muito do pouco
é a mais humana soma.

Tirar o muito do pouco,
até torná-lo em seu excesso,
como ao caroço o que é seu oco,
como ao que é ruim seu péssimo,

é subtrair de uma jazida,
do abaixo do mais fundo,
o muito que tem a vida
para o pouco que é do mundo.

Se a verdade de uma vida,
diabetes sem açúcar,
antecipa a cova lívida
a cavar-se em nossa culpa,

se a verdade de uma vida
escrita acima, é sua queda,
é como a soma acrescida
à proporção de sua perda,
é como pagar a dívida,
com indivisível troco,
do que à morte faz-se vida,
tirando o muito do pouco,

a palavra só se mede
pelo sonho em seu tamanho,
apesar do que se perde,
por querê-la maior ganho.

E ao perdê-la para o pouco
acrescido como muito,
a palavra no seu todo
desenovela um defunto,

este máximo do ausente
pelo mínimo absoluto,
a fazer-se do carente,
como primazia do último.

Calva imune a toda escova,
como casa já sem telha,
dará fruto novo a cova
em sua casa já velha?
O morto, se passeia à boca,
pelo dentro como avesso,
salva a funerária lousa
de um apodrecido verbo?

A cova, cama do corpo,
como calva para o esterco,
no abrir-se à força do fórceps
de quem lhe entra desde o berço,

dará fruto à cabeleira
da alma que além se estiola,
no mais fundo de uma selva
retorcida como alcova?

Como flor que se masturba
no perfume em dúbio caule,
o morto, essa coisa dúbia,
é feito de uma outra Lei Áurea:

para andar no chão que o salva
dentro até do próprio escuro,
livra o corpo da senzala,
dando-lhe um salvo-conduto

para o chão que é mais completo
quando a boca é sem saliva,
pois já feita por um verbo
que – embora estéril – dá a vida,

ou a sobrevida que ilude
o nosso corpo, este enfermo,
como um Deus sem saúde,
para curar-se no eterno.

....

BIOGRAFIA

Nauro (Diniz) Machado nasceu em São Luís do Maranhão, em 2 de agosto de 1935. Filho de Torquato Rodrigues Machado e de Maria de Lourdes Diniz Machado, é casado com a escritora Arlete Nogueira da Cruz Machado, com quem tem um filho chamado Frederico. Cursou o primário, o ginásio e o científico no Colégio São Luís, com uma breve incursão no colégio Mallet Soares, no Rio de Janeiro. Autodidata, possui, no entanto, profundo e vasto conhecimento de filosofia e de arte em geral, principalmente literatura e cinema. Trabalhou em várias instituições, a exemplo do Sam, Sesp, Secretaria de Agricultura do Maranhão, Emater, Sioge, Surcap, Detran e Secma, atualmente Fundação Cultural do Maranhão, onde exerce a função de Assessor Cultural, vivendo praticamente de fazer poesia, para ele um caso de vida ou morte. Autor de vasta obra, com grande e valiosa fortuna crítica, é detentor de alguns prêmios, entre eles, o Prêmio de Poesia da Cidade de São Luís (laureado diversas vezes), o da Associação Paulista de Críticos de Arte (1982), o da Academia Brasileira de Letras (1999) e o da União Brasileira de Escritores do Rio de Janeiro (2000). Citado em dicionários e enciclopédias nacionais e internacionais e incluído em inúmeras antologias do Maranhão e do Brasil, tem alguns de seus poemas traduzidos para o alemão, o inglês, o francês e o catalão. Para o crítico literário Fábio Lucas, "raros poetas brasileiros terão – como ele – feito da matéria puramente confessional uma investigação do ser-no-mundo a níveis tão profundos". "Visceralmente poeta", afirma Reynaldo Bairão e Franklin de Oliveira assegura que o poeta "cavalga a poesia como quem monta cavalos incendiados. Não a traspassa a luz. Atravessa-a a labareda".

BIBLIOGRAFIA

Campo sem base. Rio de Janeiro: Revista Branca, 1958. (Prêmio Sousândrade da Prefeitura Municipal de São Luís – 1958)
O exercício do caos. Rio de Janeiro: Revista Branca, 1961.
Do frustrado órfico. São Luís: Edição Particular, 1963.
Segunda comunhão. Rio de Janeiro: Editora São José, 1964. (Prêmio Sousândrade da Prefeitura Municipal de São Luís –1964)
Ouro noturno. São Luís: Edição Particular, 1965.
Zoologia da alma. Rio de Janeiro: Livraria São José, 1966.
Necessidade do divino. São Luís: Departamento de Cultura, 1967.
Noite ambulatória. Rio de Janeiro: Edição Porta de Livraria, 1969.
Do eterno indeferido. Rio de Janeiro: Edição Porta de Livraria, 1971.
Décimo divisor comum. Rio de Janeiro: Edição Porta de Livraria, 1972. (Prêmio Sousândrade da Prefeitura Municipal de São Luís – 1972)
Testamento provincial. Rio de Janeiro: Edição Particular, 1973.
A vigésima jaula. Rio de Janeiro/São Luís: Fundação Cultural do Maranhão, 1974.

Os parreirais de Deus. Rio de Janeiro/São Luís: Fundação Cultural do Maranhão, 1975.
Cinqüenta poemas escolhidos pelo autor. Coleção Azulejo, São Luís, 1976.
Os órgãos apocalípticos. Rio de Janeiro: Edição Particular, 1976.
A antibiótica nomenclatura do inferno. São Luís: Sioge, 1977.
As órbitas da água. Brasília: Gráfica do Distrito Federal, 1978.
Masmorra didática. Rio de Janeiro: Civilização Brasileira; Brasília: MEC, 1979.
Antologia poética. São Paulo: Editora Quíron; Brasília: MEC, 1980.
O calcanhar do humano. São Luís: Sioge, 1981.
O cavalo de tróia. Rio de Janeiro: Antares; Brasília: MEC, 1982. (Prêmio da Associação Paulista de Críticos de Arte – 1982)
Lamparina da aurora. Brasília: Gráfica do Distrito Federal, 1982.
O signo das tetas. Rio de Janeiro: Nova Fronteira; Brasília: MEC, 1984.
Apicerum da clausura. Rio de Janeiro: Cátedra; Brasília: MEC, 1985.
Opus da agonia. Rio de Janeiro: Cátedra, 1986.
O anafilático desespero da esperança. Rio de Janeiro: Cátedra, 1987.
A rosa blindada. Rio de Janeiro: Alhambra, 1989.
Mar abstêmio. Brasília: Gráfica do Distrito Federal, 1991.
Funil do ser. São Luís: Edufma, 1995.
A travessia do Ródano. São Luís: Edufma, 1977. (Prêmio Sousândrade da Prefeitura Municipal de São Luís – 1997)

Antologia poética. Rio de Janeiro: Imago/Universidade de Mogi das Cruzes/Biblioteca Nacional, 1998. (Prêmio de Poesia da Academia Brasileira de Letras – 1998, Prêmio Fernando Pessoa – Conjunto de Obras de 1999, da União Brasileira de Escritores)

Túnica de ecos. São Luís: Lithograf, 2000.

Jardim da infância. São Luís: Lithograf, 2000. (Antologia organizada por Arlete Nogueira da Cruz)

Nau de Urano. Antologia de sonetos publicados e alguns inéditos/Coleção *Maranhão Sempre*. São Paulo: Editora Siciliano, 2002.

A rocha e a rosca. São Luís: Lithograf, 2003.

Pão maligno com miolo de rosas (poema). São Luís: Lithograf, 2004.

ÍNDICE

Nauro Machado: poeta do ser e da linguagem...   7

CAMPO SEM BASE (1958)

Metamorfose inicial.. 25
Soneto da derrota... 26
O parto... 27

O EXERCÍCIO DO CAOS (1961)

Angústia larvada no tempo..................................... 31

DO FRUSTRADO ÓRFICO (1963)

A cascavel... 39
Ampulheta... 40
Duplo silêncio.. 41

SEGUNDA COMUNHÃO (1964)

Encargo... 45
Prece inversa.. 46
Feira de amostras... 48
Taquicardia... 49

O piano dos afogados... 50
O milagre.. 51
Vislumbre.. 52

OURO NOTURNO (1965)

Nó górdio.. 55
Litania para a que ficará..................................... 56
O encontro dos pólos (IX).................................. 58

ZOOLOGIA DA ALMA (1966)

Arena... 61
Volúpia.. 63

NECESSIDADE DO DIVINO (1967)

Canção austríaca.. 69
Bacia da salvação (9).. 70

NOITE AMBULATÓRIA (1969)

Retreta... 73
Sonetos (2).. 74

DO ETERNO INDEFERIDO (1971)

As paralelas.. 77
Delirium tremens.. 78

232

Ofício 79
Equação (5) 80

DÉCIMO DIVISOR COMUM (1972)

Manjedoura uterina 83
Terçã temporal (III) 84

TESTAMENTO PROVINCIAL (1973)

Lisura 87
O anunciador 88
Inferno e céu 89
Ergástulo em branco (VII) 90
Ergástulo em branco (XI) 91

A VIGÉSIMA JAULA (1974)

Didática 95
Cronômetro 96
Lua da manhã (II) 97

OS PARREIRAIS DE DEUS (1975)

Dança herética 101
Conjunto habitacional 102
Lápide e nuvens 103
Abrangência 104

Agiotagem 105
Cofo de misericórdia (4) 106
Cofo de misericórdia (6) 107

OS ÓRGÃOS APOCALÍPTICOS (1976)

Segundo *delirium tremens* 111

A ANTIBIÓTICA NOMENCLATURA
DO INFERNO (1977)

Estado de sítio 115

MASMORRA DIDÁTICA (1979)

Travesseiro 125
Calendário 126
Masmorra didática 127

AS ÓRBITAS DA ÁGUA (1980)

As órbitas da água 131

O CALCANHAR DO HUMANO (1981)

Fila indiana 135
Brasão 136

O CAVALO DE TRÓIA (1982)

À maneira de quem levou porrada 139
Pequena ode à Tróia 140
What is name? 142
Maturidade 143

O SIGNO DAS TETAS (1984)

Terra de ninguém 147
Mobral da noite 148
Contumácia 154

APICERUM DA CLAUSURA

1 165
73 166

OPUS DA AGONIA (1986)

Mutilação 169
Canção do d(e)exílio 170

O ANAFILÁTICO DESESPERO DA ESPERANÇA (1987)

A lente do mundo 175
O duplo ruim 176

A ROSA BLINDADA (1989)

Sonetos (10)... 179
Sonetos (77)... 180

MAR ABSTÊMIO (1991)

Escafandrista.. 183
Enguiço... 184

LAMPARINA DA AURORA (1992)

Luas e marés de São Luís do Maranhão............... 187
Matéria de jornal.. 189

FUNIL DO SER (CANÇÕES MÍNIMAS) (1995)

Consolo e tabuada... 193
Esponja.. 194
A construção de um monstro............................... 196

A TRAVESSIA DO RÓDANO (1997)

1.. 199
15.. 200

TÚNICA DE ECOS (1999)

1.. 203

236

7.. 204
99.. 205

O ALAÚDE AMBÍGUO (2002)

720.. 209

A ROCHA E A ROSCA (2003)

Ó vãs falas da epopéia... 213

PÃO MALIGNO COM MIOLO DE ROSAS (2004)

Fragmento de poema.. 217

Biografia... 225

Bibliografia... 227

COLEÇÃO MELHORES CONTOS

ANÍBAL MACHADO
Seleção e prefácio de Antonio Dimas

LYGIA FAGUNDES TELLES
Seleção e prefácio de Eduardo Portella

BRENO ACCIOLY
Seleção e prefácio de Ricardo Ramos

MARQUES REBELO
Seleção e prefácio de Ary Quintella

MOACYR SCLIAR
Seleção e prefácio de Regina Zilbermann

MACHADO DE ASSIS
Seleção e prefácio de Domício Proença Filho

HERBERTO SALES
Seleção e prefácio de Judith Grossmann

RUBEM BRAGA
Seleção e prefácio de Davi Arrigucci Jr.

LIMA BARRETO
Seleção e prefácio de Francisco de Assis Barbosa

JOÃO ANTÔNIO
Seleção e prefácio de Antônio Hohlfeldt

EÇA DE QUEIRÓS
Seleção e prefácio de Herberto Sales

MÁRIO DE ANDRADE
Seleção e prefácio de Telê Ancona Lopez

LUIZ VILELA
Seleção e prefácio de Wilson Martins

J. J. VEIGA
Seleção e prefácio de J. Aderaldo Castello

JOÃO DO RIO
Seleção e prefácio de Helena Parente Cunha

IGNÁCIO DE LOYOLA BRANDÃO
Seleção e prefácio de Deonísio da Silva

LÊDO IVO
Seleção e prefácio de Afrânio Coutinho

RICARDO RAMOS
Seleção e prefácio de Bella Jozef

MARCOS REY
Seleção e prefácio de Fábio Lucas

SIMÕES LOPES NETO
Seleção e prefácio de Dionísio Toledo

HERMILO BORBA FILHO
Seleção e prefácio de Silvio Roberto de Oliveira

BERNARDO ÉLIS
Seleção e prefácio de Gilberto Mendonça Teles

AUTRAN DOURADO
Seleção e prefácio de João Luiz Lafetá

JOEL SILVEIRA
Seleção e prefácio de Lêdo Ivo

JOÃO ALPHONSUS
Seleção e prefácio de Afonso Henriques Neto

ARTUR AZEVEDO
Seleção e prefácio de Antonio Martins de Araújo

RIBEIRO COUTO
Seleção e prefácio de Alberto Venâncio Filho

OSMAN LINS
Seleção e prefácio de Sandra Nitrini

ORIGENES LESSA
Seleção e prefácio de Glória Pondé

DOMINGOS PELLEGRINI*
Seleção e prefácio de Miguel Sanches Neto

CAIO FERNANDO ABREU*
Seleção e prefácio de Marcelo Secron Bessa

PRELO*

Impresso nas oficinas da
Gráfica Palas Athena